O IMPÉRIO DOS SIGNOS

Roland Barthes

O IMPÉRIO DOS SIGNOS

Tradução | Leyla Perrone-Moisés

SÃO PAULO 2016

Esta obra foi publicada originalmente em francês com o título
L'EMPIRE DES SIGNES por Éditions du Seuil, Paris.
Copyright © Éditions du Seuil, 2005.
A primeira edição desta obra foi publicada em 1970
por Éditions d'Art Albert Skira.
Copyright © 2007, Livraria Martins Fontes Editora Ltda.,
São Paulo, para a presente edição.

1ª edição 2007
2ª edição 2016

Tradução
LEYLA PERRONE-MOISÉS

Revisão da tradução
Maria Fernanda Alvares
Acompanhamento editorial
Maria Fernanda Alvares
Revisões gráficas
Solange Martins
Marisa Rosa Teixeira
Dinarte Zorzanelli da Silva
Produção gráfica
Geraldo Alves
Paginação
Studio 3 Desenvolvimento Editorial

Dados Internacionais de Catalogação na Publicação (CIP)
(Câmara Brasileira do Livro, SP, Brasil)

Barthes, Roland
 O império dos signos / Roland Barthes ; tradução Leyla
Perrone-Moisés. – 2ª ed. – São Paulo : Editora WMF Martins
Fontes, 2016. – (Coleção Roland Barthes)

 Título original: L'empire des signes.
 ISBN 978-85-469-0073-2

 1. Japão – Civilização 2. Lingüística 3. Signos e símbolos
I. Título. II. Série.

16-03009 CDD-952

Índices para catálogo sistemático:
1. Signos : Japão : Civilização 952

Todos os direitos desta edição reservados à
Editora WMF Martins Fontes Ltda.
Rua Prof. Laerte Ramos de Carvalho, 133 01325-030 São Paulo SP Brasil
Tel. (11) 3293-8150 Fax (11) 3101-1042
e-mail: info@wmfmartinsfontes.com.br http://www.wmfmartinsfontes.com.br

| **Índice** |

Nota à presente edição VII

Naquele lugar 7
A língua desconhecida 11
Sem palavras 17
A água e o floco 19
Palitos 24
A comida descentrada 29
O interstício 34
Pachinko 39
Centro da cidade, centro vazio 43
Sem endereços 47
A estação 52
Os pacotes 57

As três escritas 63
Animado/inanimado 76
Dentro/fora 80
Mesuras 83
O arrombamento do sentido 90
A isenção do sentido 96
O incidente 101
Tal 109
Papelaria 114
O rosto escrito 120
Milhões de corpos 128
A pálpebra 135
A escrita da violência 140
O gabinete dos signos 145

Índice das ilustrações 151
Tradução dos textos manuscritos 155

| Nota à presente edição |

Pelo fato de a caligrafia ser muito importante, nas considerações de Roland Barthes, mantivemos o texto original escrito por ele, sobreposto ou aposto a algumas das ilustrações deste volume. O leitor encontrará, no final, a tradução desses textos.

O IMPÉRIO DOS SIGNOS

Para Maurice Pinguet

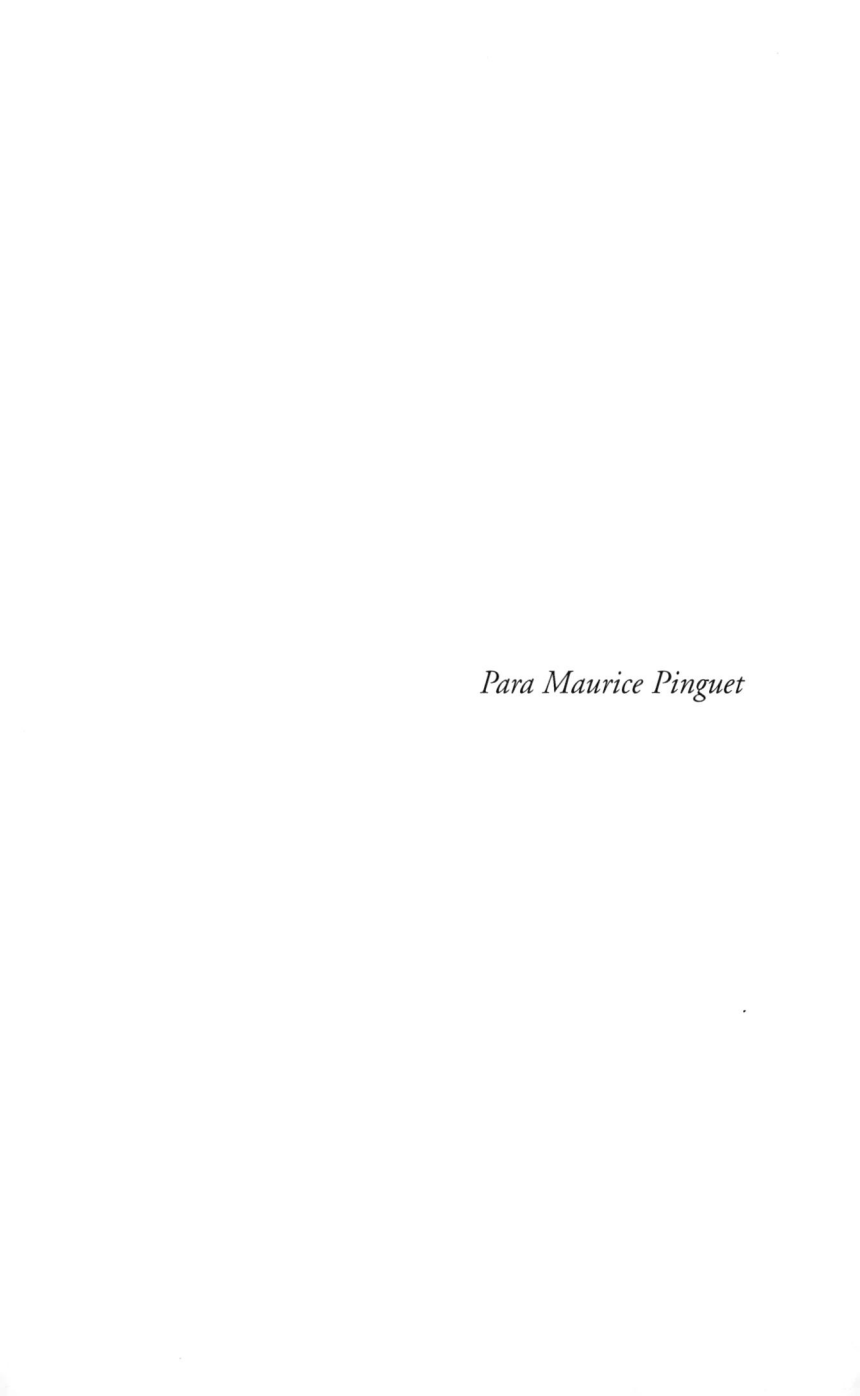

O texto não "comenta" as imagens. As imagens não "ilustram" o texto: cada uma foi, para mim, somente a origem de uma espécie de vacilação visual, análoga, talvez, àquela perda de sentido que o Zen chama de satori*; texto e imagens, em seus entrelaçamentos, querem garantir a circulação, a troca destes significantes: o corpo, o rosto, a escrita, e neles ler o recuo dos signos.*

NAQUELE LUGAR

Se eu quiser imaginar um povo fictício, posso dar-lhe um nome inventado, tratá-lo declarativamente como um objeto romanesco, fundar uma nova Garabagne*, de modo a não comprometer nenhum país real em minha fantasia (mas então é essa mesma fantasia que comprometo nos signos da literatura). Posso também, sem pretender nada representar, ou analisar realidade alguma (são estes os maiores gestos do discurso ocidental), levantar em alguma parte do mundo (*naquele lugar*) um certo número de traços (palavra gráfica e lingüística), e com esses traços formar deliberadamente um sistema. É esse sistema que chamarei de: Japão.

....
* Na obra *Voyage en Grande Garabagne*, publicada em 1936, o poeta Henri Michaux (1889-1984) fala de países imaginários. (N. da T.)

O Oriente e o Ocidente não podem, portanto, ser aqui tomados como "realidades", que tentaríamos aproximar ou opor de maneira histórica, filosófica, cultural ou política. Não olho amorosamente para uma essência oriental, o Oriente me é indiferente. Ele apenas me fornece uma reserva de traços cuja manipulação, o jogo inventado, me permitem "afagar" a idéia de um sistema simbólico inédito, inteiramente desligado do nosso. O que pode ser visado, na consideração do Oriente, não são outros símbolos, outra metafísica, outra sabedoria (embora esta apareça como bem desejável); é a possibilidade de uma diferença, de uma mutação, de uma revolução na propriedade dos sistemas simbólicos. Seria preciso fazer, um dia, a história de nossa própria obscuridade, manifestar a compacidade de nosso narcisismo, recensear ao longo dos séculos os poucos apelos à diferença que às vezes ouvimos, as recuperações ideológicas que infalivelmente os seguiram e que consistem em sempre aclimatar nosso desconhecimento da Ásia graças a linguagens conhecidas (o Oriente de Voltaire, da *Revue Asiatique*, de Loti ou da *Air France*). Existem hoje, sem dúvida, mil coisas a serem aprendidas do Oriente: um enorme trabalho de *conhecimento* é, será necessário (seu atraso só pode ser o resultado de uma ocultação ideológica); mas é preciso também que, aceitando deixar, de ambos os lados,

| *O império dos signos* |

MU, *o vazio*

imensas zonas de sombra (o Japão capitalista, a aculturação americana, o desenvolvimento técnico), um tênue filete de luz busque, não outros símbolos, mas a própria fissura do simbólico. Essa fissura não pode aparecer no nível dos produtos culturais: o que é aqui apresentado não pertence (pelo menos o desejamos) à arte, ao urbanismo japonês, à cozinha japonesa. O autor jamais, em nenhum sentido, fotografou o Japão. Seria antes o contrário: o Japão o iluminou com múltiplos clarões; ou ainda melhor: o Japão o colocou em situação de escritura. Essa situação é exatamente aquela em que se opera certo abalo da pessoa, uma revirada das antigas leituras, uma sacudida do sentido, dilacerado, extenuado até o seu vazio insubstituível, sem que o objeto cesse jamais de ser significante, desejável. A escritura é, em suma e à sua maneira, um *satori*: *o satori* (o acontecimento Zen) é um abalo sísmico mais ou menos forte (nada solene) que faz vacilar o conhecimento, o sujeito: ele opera um *vazio de fala*. E é também um vazio de fala que constitui a escritura; é desse vazio que partem os traços com que o Zen, na isenção de todo sentido, escreve os jardins, os gestos, as casas, os buquês, os rostos, a violência.

A LÍNGUA DESCONHECIDA

O sonho: conhecer uma língua estrangeira (estranha) e, contudo, não a compreender: perceber nela a diferença, sem que essa diferença seja jamais recuperada pela sociabilidade superficial da linguagem, comunicação ou vulgaridade; conhecer, refratadas positivamente numa nova língua, as impossibilidades da nossa; aprender a sistemática do inconcebível; desfazer nosso "real" sob o efeito de outros recortes, de outras sintaxes; descobrir posições inéditas do sujeito na enunciação, deslocar sua topologia; numa palavra, descer ao intraduzível, sentir sua sacudida sem jamais a amortecer, até que, em nós, todo o Ocidente se abale e vacilem os direitos da língua paterna, aquela que nos vem de nossos pais e que nos torna, por nossa vez, pais e proprietários de uma cultura que, precisamente, a história transforma em "natureza". Sabemos que os principais conceitos da filosofia aristotélica foram de certo modo *constrangidos* pelas principais articulações da língua grega. Quanto, inversamente, seria benéfico transportar-nos numa visão das diferenças irredutíveis que nos podem sugerir, por vislumbres, uma língua muito longínqua. Certos capítulos de Sapir ou de Whorf sobre as línguas chinook, nootka, hopi, de Granet sobre o chinês, certa frase de um amigo sobre o japonês abrem o romanesco integral, de que apenas alguns textos modernos podem dar uma idéia (mas nenhum romance), permitindo perceber uma paisagem que nossa fala (esta de que somos proprietários) não podia, de modo algum, adivinhar ou descobrir.

Assim, em japonês, a proliferação de sufixos funcionais e a complexidade dos enclíticos supõem que o sujeito avance na enunciação através de precauções, retomadas, atrasos e insistências, cujo volume final (não poderíamos mais falar de uma simples linha de palavras) faz precisamente do sujeito um grande invólucro vazio de fala, e não esse núcleo pleno que pretende dirigir nossas frases, do exterior e do alto, de modo que aquilo que nos parece um excesso de subjetividade (diz-se que o japonês enuncia impressões, não constatações) é muito mais uma forma de diluição, de hemorragia do sujeito numa linguagem parcelada, particulada, difratada até o vazio. Ou ainda, isto: como muitas línguas, o japonês distingue o animado (humano e/ou animal) do inanimado, principalmente no nível de seus verbos *ser*; ora, as personagens fictícias que são introduzidas numa história (do gênero: *era uma vez um rei*) são afetadas pela marca do inanimado; enquanto toda a nossa arte se esforça por decretar a "vida", a "realidade" dos seres romanescos, a própria estrutura do japonês restabelece ou retém esses seres em sua qualidade de *produtos*, de signos separados do álibi referencial por excelência: o da coisa viva. Ou ainda, de modo mais radical, já que se trata de conceber o que nossa língua não concebe: como podemos *imaginar* um verbo que seja, ao mesmo tempo, sem sujeito, sem atributo, e no entanto transitivo, como por exemplo um ato de conhecimento sem sujeito conhecedor e sem objeto conhecido? É porém essa imaginação que nos é pedida diante do *dhyana* hindu, origem do *ch'an* chinês e do *zen* japonês, que não poderíamos evidentemente traduzir por *meditação* sem aí colocar o sujeito e o deus: expulsem-nos, eles voltam, e é nossa língua que cavalgam. Esses fatos e muitos outros nos convencem de quão irrisório é querer contestar nossa sociedade sem jamais pensar nos próprios limites da língua pela qual (relação instrumental) pretendemos

Pluie, Semence, Dissémination
Trame, Tissu, Texte.
Écriture.

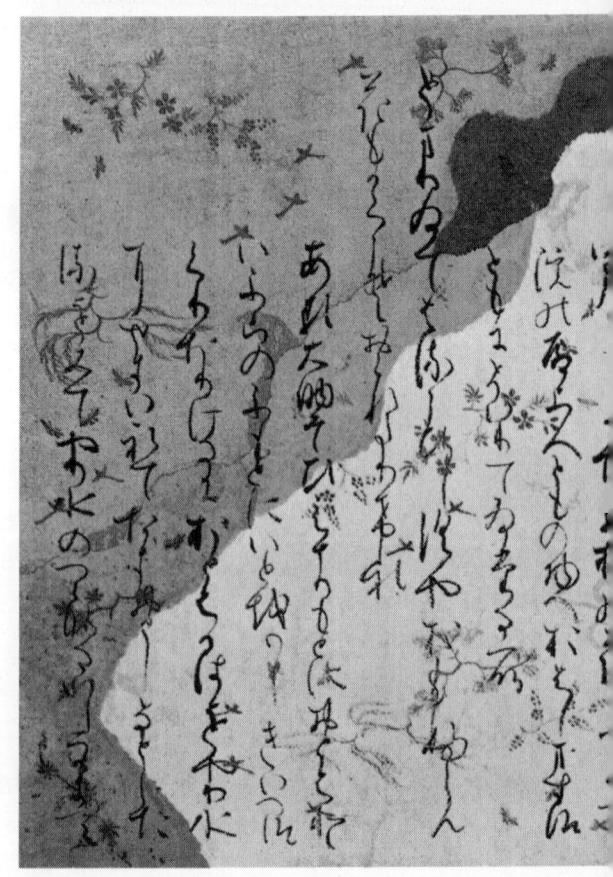

contestá-la: é querer destruir o lobo alojando-se confortavelmente em sua goela.

Esses exercícios de uma gramática aberrante teriam pelo menos a vantagem de lançar uma suspeita sobre a própria ideologia de nossa fala.

SEM PALAVRAS

A massa rumorosa de uma língua desconhecida constitui uma proteção deliciosa, envolve o estrangeiro (desde que o país não lhe seja hostil) numa película sonora que bloqueia, a seus ouvidos, todas as alienações da língua materna: a origem, regional e social daquele que a fala, seu grau de cultura, de inteligência, de gosto, a imagem através da qual ele se constitui como pessoa e pede para ser reconhecido. Assim, no estrangeiro, que repouso! Estou ali protegido contra a tolice, a vulgaridade, a vaidade, a mundanidade, a nacionalidade, a normalidade. A língua desconhecida, da qual capto no entanto a respiração, a aeração emotiva, numa palavra, a significância pura, forma à minha volta, à medida que me desloco, uma leve vertigem, arrasta-me em seu vazio artificial, que só se realiza para mim: vivo no interstício, livre de todo sentido pleno. *Como você se virou lá, com a língua?* Subentendido: *Como você garantia essa necessidade vital da comunicação?* Ou mais exatamente, asserção ideológica que recobre a interrogação prática: *só há comunicação na fala.*

Ora, acontece que naquele país (o Japão) o império dos significantes é tão vasto, excede a tal ponto a fala, que a troca dos signos é de uma riqueza, de uma mobilidade, de uma sutileza fascinantes, apesar da opacidade da língua, às vezes mesmo graças a essa opacidade. A razão é que lá o corpo existe, se abre, age, se dá sem histeria, sem narcisismo, mas segundo um puro projeto erótico – embora sutilmente discreto. Não é a voz (com a qual identificamos os "direitos" da pessoa) que comunica (comunicar o quê? nossa alma – forçosamente bela – nossa sinceridade, nosso prestígio?), é o corpo todo (os olhos, o sorriso, a mecha, o gesto, a roupa) que mantém conosco uma espécie de balbucio, ao qual o perfeito domínio dos códigos tira todo caráter regressivo, infantil. Marcar um encontro (por gestos, desenhos, nomes próprios) leva de fato uma hora, mas durante essa hora, para uma mensagem que se teria abolido num instante se tivesse sido falada (ao mesmo tempo essencial e insignificante), é o corpo todo do outro que é conhecido, degustado, recebido, e que desenvolveu (sem verdadeira finalidade) sua própria narrativa, seu próprio texto.

A ÁGUA E O FLOCO

A bandeja de refeição parece um quadro dos mais delicados: é uma moldura que contém, sobre um fundo escuro, objetos variados (tigelas, caixas, pires, palitos, montinhos miúdos de alimentos, um pouco de gengibre cinza, alguns fiapos de legumes alaranjados, um fundo de molho marrom), e como esses recipientes e esses pedaços de alimento são exíguos e tênues, mas numerosos, diríamos que essas bandejas realizam a definição da pintura que, nas palavras de Piero della Francesca, "é somente uma demonstração de superfícies e de corpos que se tornam cada vez menores, ou maiores, segundo seu termo". No entanto, tal ordem, deliciosa quando aparece, está destinada a ser desfeita, refeita segundo o próprio ritmo da alimentação; o que era, no início, quadro imobilizado, torna-se bancada ou tabuleiro, espaço, não de uma vista, mas de um fazer ou de um jogo; a pintura, afinal, era apenas uma paleta (uma superfície de trabalho) com a qual você vai jogar enquanto come, colhendo aqui uma pitada de legumes, ali de arroz, ali de condimento, ali um gole de sopa, segundo uma alternância livre, como um grafista (precisamente japonês) instalado diante de um conjunto de potinhos de tinta e que, ao mesmo tempo, sabe e hesita; assim, sem ser negada ou diminuída (não se trata de uma indiferença com relação à comida, atitude sempre *moral*), a alimentação fica marcada por uma espécie de trabalho ou de jogo, que se exerce menos sobre a transformação da matéria-prima (objeto próprio da *cozinha*; mas a comida japonesa é pouco cozinhada, os alimentos chegam à mesa em estado natural; a única operação que sofreram, de fato, foi a de serem cortados) do que sobre a combinação móvel e aparentemente inspirada de elementos, cuja ordem de retirada não é fixada por nenhum protocolo (você pode alternar um gole de sopa, um bocado de arroz, uma pitada de legumes): como toda a feitura do alimento está na composição, ao compor suas porções você mesmo faz o que come; a iguaria não é mais um produto reificado, cuja preparação, entre nós, é pudicamente afastada no tempo e no espaço (refeições elaboradas de antemão, atrás da parede de uma cozinha, cômodo secreto onde *tudo é permitido* contanto que o produto só saia dali já composto, ornado, embalsamado, maquiado). Daí o caráter *vivo* (o que não quer dizer: *natural*) dessa cozinha, que parece cumprir, em todas as estações, o desejo do poeta: *"Oh! celebrar a primavera com comidas deliciosas..."*

Da pintura, a comida japonesa toma ainda a qualidade menos imediatamente visual, a qualidade mais profundamente engajada no corpo (ligada ao peso e ao trabalho da mão que traça ou cobre) e que é, não a cor, mas o *toque*. O arroz cozido (cuja identidade absolutamente especial é atestada por um nome particular, que não é o do arroz cru) só pode ser definido por uma contradição da matéria; ele é, ao mesmo tempo, coesivo e destacável; sua destinação substancial é o fragmento, o leve conglomerado; é o único elemento de ponderação da comida japonesa (antinômica à comida chinesa); é aquilo que cai, por oposição àquilo que flutua; ele dispõe, no quadro, uma brancura compacta, granulosa (ao contrário da do pão) e, no entanto, friável: aquilo que chega à mesa apertado, colado, desfaz-se ao golpe dos dois palitos sem contudo se espalhar, como se a divisão só se operasse para produzir ainda uma coesão irredutível; é essa defecção comedida (incompleta) que, para além (ou aquém) da comida, é dada a consumir. Do mesmo modo – mas no outro extremo das substâncias –

a sopa japonesa (a palavra *sopa* é indevidamente espessa, e *caldo* lembra pensão familiar) dispõe, no jogo alimentar, um toque de claridade. Na França, uma sopa clara é uma sopa rala; mas aqui a leveza do caldo, fluido como água, a poeira de soja ou de feijões que nele se desloca, a raridade dos dois ou três sólidos (talo de erva, filamento de legume, parcela de peixe) que dividem, flutuando, essa pequena quantidade de água, dão a idéia de uma densidade clara, de uma nutritividade sem gordura, de um elixir reconfortante pela pureza: algo de aquático (mais do que aquoso), de delicadamente marinho, traz um pensamento de fonte, de vitalidade profunda. Assim, a comida japonesa se estabelece num sistema reduzido da matéria (do claro ao divisível), num tremor do significante: são estes os caracteres elementares da escritura, estabelecida sobre uma espécie de vacilação da linguagem, e assim se apresenta a comida japonesa: uma comida escrita, tributária dos gestos de divisão e de retirada que inscrevem o alimento, não sobre a bandeja da refeição (nada a ver com a comida fotografada, as composições coloridas das revistas femininas), mas num espaço profundo que dispõe, em patamares, o homem, a mesa e o universo. Pois a escritura é precisamente aquele ato que une, no mesmo trabalho, o que não poderia ser captado junto no único espaço plano da representação.

Le rendez-vous

Ouvrez un guide de voyage : vous y trouverez d'ordinaire un petit lexique, mais ce lexique portera bizarrement sur des choses ennuyeuses et inutiles : la douane, la poste, l'hôtel, le coiffeur, le médecin, les prix. Cependant, qu'est-ce que voyager ? Rencontrer. Le seul lexique important est celui du rendez-vous.

PALITOS

No Mercado Flutuante de Bangkok, cada vendedor se mantém sobre uma pequena piroga imóvel; ele vende mínimas quantidades de alimento: grãos, alguns ovos, bananas, cocos, mangas, pimentões (sem falar do Inominável). Dele até a mercadoria, passando por seu esquife, tudo é *pequeno*. O alimento ocidental, acumulado, dignificado, inchado até o majestoso, ligado a alguma operação de prestígio, tende sempre ao grosso, ao grande, ao abundante, ao planturoso; o oriental segue o movimento inverso, expande-se em direção ao infinitesimal: o futuro do pepino não é o amontoado ou o espessamento, mas a divisão, o tênue espalhamento, como é dito neste haicai:

Pepino cortado.
Seu suco escorre
Desenhando patas de aranha.

Há convergência do minúsculo e do comestível: as coisas não são pequenas apenas para serem comidas, mas também são comestíveis para cumprir sua essência, que é a pequenez. O acordo da comida oriental com os palitos não pode ser apenas funcional, instrumental; os alimentos são cortados para poderem ser pegos pelos palitos, mas também os palitos existem porque os alimentos são cortados em pedacinhos; um mesmo movimento, uma mesma forma transcende a matéria e seu utensílio: a divisão.

Os palitos têm muitas outras funções além de transportar a comida do prato à boca (esta é a menos pertinente, já que é também a dos dedos e do garfo), e essas funções lhes pertencem como próprias. Primeiramente o palito – sua forma o diz suficientemente – tem uma função dêitica: ele mostra a comida, designa o fragmento, faz existir pelo próprio gesto da escolha, que é o índex; mas assim fazendo, em vez de a ingestão seguir uma espécie de seqüência maquinal, pela qual nos limitaríamos a engolir pouco a pouco as partes de um mesmo prato, os palitos, designando o que escolheram (e portanto escolhendo na hora isto e não aquilo), introduzem no uso da alimentação não uma ordem mas uma fantasia e como que uma preguiça: em todo caso, uma operação inteligente e não mais mecânica. Outra função dos palitos, a de pinçar o fragmento de comida (e não mais de espetar, como fazem nossos garfos); *pinçar** é aliás uma palavra demasiadamente forte, agressiva (beliscar é o que fazem as meninas sonsas, pinçar é o que fazem os cirurgiões, as costureiras, os temperamentos suscetíveis); pois o alimento não sofre nunca uma pressão superior àquela que é estritamente necessária para levantá-lo e transportá-lo; há no gesto dos palitos, ainda amaciado por sua matéria, madeira ou laca, algo de maternal, a mesma moderação, o mesmo comedimento que se emprega para carregar uma criança: uma força (no sentido operatório do termo), não uma pulsão; este é todo um comportamento com relação à comida, bem visível nos longos palitos do cozinheiro, que servem não para comer, mas para preparar os alimentos: o instrumento nunca fura, corta, fende, fere, mas apenas colhe, vira, transporta. Pois os palitos (terceira função), para dividir, separam, afastam, bicam, em vez de cortar e espetar como nossos talheres; eles nunca violentam o alimento: ora o desembaraçam pouco a pouco (no caso das ervas), ora o desfazem (no caso dos peixes, das en-

---

* *Pincer*, em francês, pode significar tanto "beliscar" como "pinçar". (N. da T.)

guias), reencontrando assim as fissuras naturais da matéria (nisso bem mais próximos do dedo primitivo do que da faca). Enfim, e é talvez sua função mais bela, os palitos *trasladam* o alimento, quer quando, cruzados como duas mãos, suporte e não mais pinça, se insinuam sob o floco de arroz e o estendem, o levantam até a boca do comensal, quer quando (por um gesto milenar de todo o Oriente) fazem deslizar a neve alimentar da tigela aos lábios, como uma pá. Em todos esses usos, em todos os gestos que implicam, os palitos se opõem à nossa faca (e a seu substituto predador, o garfo): eles são os instrumentos alimentares que se recusam a cortar, a espetar, a mutilar, a furar (gestos muito limitados, rechaçados no preparo da comida: o peixeiro que esfola diante de nós a enguia viva exorciza, uma vez por todas, num sacrifício preliminar, o assassinato da comida); pelos palitos, a comida não é mais uma presa que violentamos (carnes sobre as quais nos encarniçamos), mas uma substância harmoniosamente transferida; eles transformam a matéria previamente dividida em alimento de pássaro, e o arroz em onda de leite; maternais, conduzem incansavelmente o gesto da bicada, deixando a nossos hábitos alimentares, armados de lanças e de facas, o da predação.

A COMIDA DESCENTRADA

O *sukiyaki* é um guisado cujos elementos conhecemos e reconhecemos, pois é feito diante de nós, sobre a própria mesa, sem parar, enquanto o comemos. Os produtos crus (mas descascados, lavados, já revestidos de uma nudez estética, brilhante, colorida, harmoniosa como uma roupa primaveril: *"A cor, a fineza, o toque, o efeito, a harmonia, o tempero, tudo aí se encontra"*, diria Diderot) são reunidos e trazidos numa bandeja; é a própria essência da feira que chega até nós, seu frescor, sua naturalidade, sua diversidade e até a classificação que faz da simples matéria a promessa de um acontecimento: recrudescência de apetite ligada a esse objeto misto que é o produto de feira, ao mesmo tempo natureza e mercadoria, natureza mercantil, acessível à posse popular: folhas comestíveis, legumes, cabelos de anjo, quadrados cremosos de pasta de soja, gema crua do ovo, carne vermelha e açúcar branco (aliança infinitamente mais exótica, mais fascinante ou mais enjoativa, porque visual, do que o simples *doce-salgado* da comida chinesa, que é cozida e na qual o açúcar não é visível senão no brilho caramelizado de certos pratos "laqueados"), todos esses alimentos crus, primeiramente aliados, compostos como num quadro holandês do qual conservariam o contorno do traço, a firmeza elástica do pincel e o verniz colorido (ignoramos se este se deve à matéria das coisas, à luz da cena, ao ungüento que recobre o quadro ou à iluminação do museu), pouco a pouco transportados para a grande caçarola em que são cozidos sob nossos olhos, ali perdem suas cores, suas formas e seu descontínuo, ali amolecem, se desnaturalizam, adquirem aquele tom ruço que é a cor essencial do molho; à medida que pegamos, com a ponta de nossos palitos, alguns fragmentos desse guisado recém-cozido, outros alimentos crus vêm substituí-los. Uma assistente preside a esse vai-e-vem; postada um pouco à distância atrás de nós, armada com palitos longos, ela alimenta alternativamente a panela e a conversa: é toda uma pequena odisséia da comida que vivemos pelo olhar: assistimos ao Crepúsculo da Crueza.

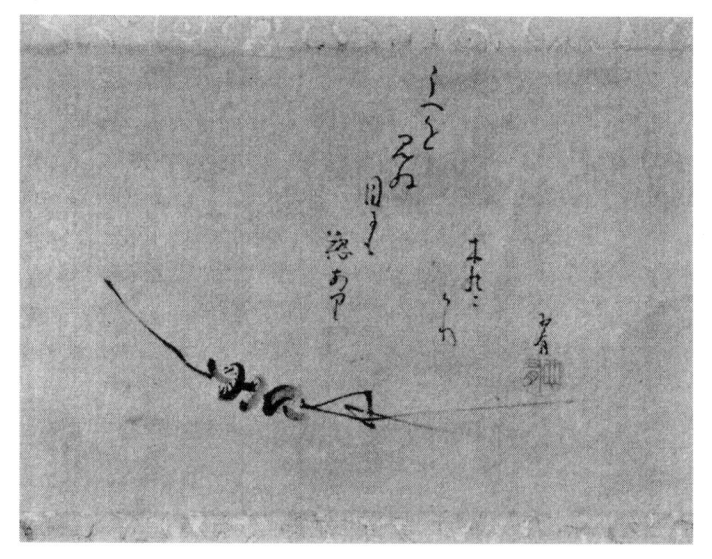

Où commence l'écriture?
Où commence la peinture?

Essa Crueza, como se sabe, é a divindade tutelar da comida japonesa: tudo lhe é dedicado, e, se a cozinha japonesa se faz sempre *diante* de quem a vai comer (marca fundamental dessa cozinha), é que talvez seja importante consagrar, pelo espetáculo, a morte daquilo que se honra. O que é honrado na crueza (*crudité*: termo que o francês emprega de maneira bizarra no singular para denotar a sexualidade da linguagem, e no plural, *crudités*, para nomear a parte exterior, anormal e um pouco tabu de nossos cardápios) não é, parece, como entre nós, uma essência interior do alimento, a pletora sangüínea (sendo o sangue símbolo da força e da morte), cuja energia vital recolhemos por transmigração (entre nós, a crueza é um estado forte da comida, como o mostra metonimicamente o intenso tempero que impomos ao *steak tartare*). A crueza japonesa é essencialmente visual; ela denota certo estado colorido da carne ou do vegetal (entendendo-se que a cor nunca é esgotada por um catálogo de tintas, mas remete a toda uma tatilidade da matéria; assim, o *sashimi* exibe menos cores do que resistências: as que variam na carne dos peixes crus, fazendo-a passar, ao longo da bandeja, pelas estações do flácido, do fibroso, do elástico, do compacto, do áspero, do escorregadio). Inteiramente visual (pensada, arrumada, manejada pela visão e até mesmo por uma visão de pintor, de grafista), a comida diz, assim, que ela não é profunda: a substância comestível é desprovida de âmago precioso, de força oculta, de segredo vital: nenhum prato japonês é provido de um *centro* (centro alimentar implicado entre nós pelo rito que consiste em ordenar a refeição, em cercar ou cobrir de molho as iguarias); tudo ali é ornamento de outro ornamento: primeiro porque sobre a mesa, sobre a bandeja, a comida nunca é mais do que uma coleção de fragmentos, dos quais nenhum é privilegiado por uma ordem de ingestão: comer não é respeitar um cardápio (um itinerário de pratos), mas colher, com um toque ligeiro dos

le rendez-vous

ici
koko ni

ce soir
komban

aujourd'hui
kyo

à quelle heure
nan ji ni ?

demain
ashita

quatre heures
yo ji

palitos, ora uma cor, ora outra, ao sabor de uma espécie de inspiração que aparece, em sua lentidão, como o acompanhamento desligado, indireto, da conversa (que pode ser, ela mesma, muito silenciosa); e, depois, porque essa comida – e esta é sua originalidade – liga, num único tempo, o tempo de sua fabricação e o de seu consumo; o *sukiyaki*, prato interminável em sua confecção e em seu consumo, e por assim dizer em sua "conversa", não por dificuldade técnica, mas porque é de sua natureza esgotar-se à medida que é cozido, e por conseguinte *repetir-se*, o *sukiyaki* só tem de marcado seu ponto de partida (a bandeja pintada de alimentos que nos trazem); uma vez "deslanchado", não há mais momentos ou lugares distintivos: ele se torna descentrado, como um texto ininterrupto.

O INTERSTÍCIO

O cozinheiro (que não cozinha nada) pega uma enguia viva, enfia uma longa ponta em sua cabeça e a raspa, a esfola. Essa cena rápida, úmida (mais do que sangrenta), de pequena crueldade, vai terminar em *renda*. A enguia (ou o fragmento de legume, de crustáceo), cristalizado na fritura, como o ramo de Salzburgo, reduz-se a um pequeno bloco de vazio, a uma coleção de buracos; o alimento chega, assim, ao sonho de um paradoxo: o de um objeto puramente intersticial, ainda mais provocante porque esse vazio é fabricado para que nos alimentemos dele (às vezes, o alimento é construído em bola, como uma bolha de ar).

A *tempura* é liberada do sentido que ligamos tradicionalmente à fritura, e que é o peso. A farinha reencontra nela sua essência de flor espalhada, diluída tão levemente que forma um leite, e não uma pasta; tomado pelo óleo, esse leite dourado é tão frágil que recobre imperfeitamente o fragmento de comida, deixa aparecer um rosa de camarão, um verde de pimentão, um marrom de berinjela, retirando assim, da fritura, aquilo de que é feito nosso bolinho, e que é a ganga, o invólucro, a compacidade. O óleo (mas será mesmo óleo, será de fato a substância mãe do *oleoso*?), logo enxuto pelo guardanapo de papel sobre o qual nos apresentam a *tempura*, numa cestinha de vime, o óleo é seco, sem mais nenhuma relação com o lubrificante que, no Mediterrâneo e no Oriente, cobrem a cozinha e a doçaria; ele perde uma contradição que marca nossos alimentos cozidos no óleo ou na banha e que consiste em queimar sem esquentar; essa queimadura fria do corpo gorduroso é substituída, aqui, por uma qualidade que parece recusada a toda fritura: o frescor. O frescor que circula na *tempura*, através da renda de farinha, montando os mais vivazes e mais frágeis dos alimentos, o peixe e o vegetal, esse frescor que é, ao mesmo tempo, o do intacto e do refrescante, é exatamente o do óleo: os restaurantes de *tempura* são classificados a partir do grau de desgaste do óleo que empregam: os mais cotados empregam o óleo novo que, usado, é revendido a outro restaurante mais medíocre, e assim por diante; não é o alimento que compramos, nem mesmo seu frescor (e ainda menos a categoria do local ou do serviço), é a virgindade de seu cozimento.

Às vezes, a peça de *tempura* se apresenta em patamares: a fritura contorna (melhor do que: envolve) um pimentão, ele mesmo recheado de mexilhões. O que importa é que o alimento seja constituído de pedaços, de fragmentos (estado fundamental da cozinha japonesa, na qual a cobertura – de molho, de creme, de crosta – é desconhecida), não apenas pela preparação, mas também e sobretudo por sua imersão numa substância fluida como a água, coesiva como a gordura, de onde sai um pedaço acabado, separado, nomeado e contudo crivado; mas o cerne é tão leve que se torna abstrato: o alimento não tem mais por invólucro senão o tempo (aliás muito tênue) que o solidificou. Diz-se que a *tempura* é uma iguaria de origem cristã (portuguesa): é o alimento da quaresma (*tempora*); mas, afinado pelas técnicas japonesas de anulação e de isenção, é o alimento de outro tempo: não o de um rito de jejum e de expiação, mas de uma espécie de meditação, tão espetacular quanto alimentar (já que a *tempura* é preparada sob nossos olhos), em torno desse algo que determinamos, na falta de melhor termo (e talvez em função de nossos limites temáticos), do lado do leve, do aéreo, do instantâneo, do frágil, do transparente, do fresco, do nada, mas cujo verdadeiro

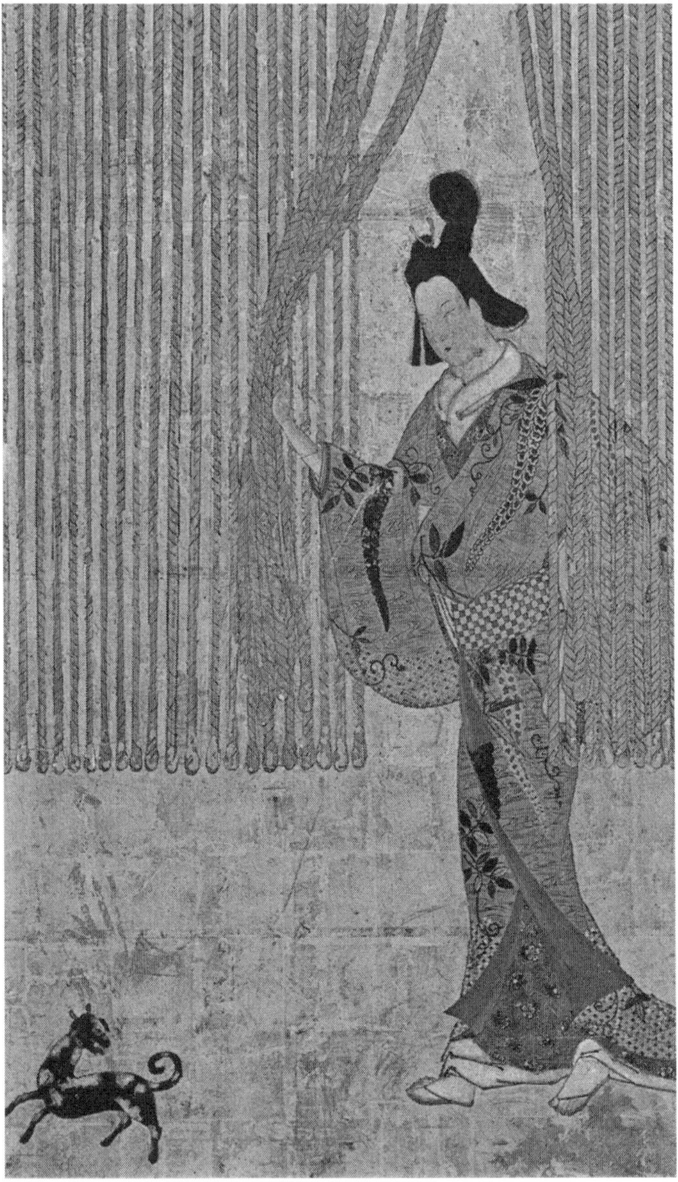

nome seria o interstício sem bordas plenas, ou ainda: o signo vazio.

É preciso, de fato, voltar ao jovem artista que faz renda com peixes e pimentões. Se ele prepara nossa comida *diante de nós*, conduzindo, de gesto em gesto, de lugar a lugar, a enguia, do viveiro ao papel branco que, para terminar, a receberá toda crivada, não é (somente) para nos tornar testemunhas da alta precisão e da pureza de sua cozinha; é porque sua atividade é literalmente gráfica: ele inscreve o alimento na matéria; sua bancada é distribuída como a mesa de um calígrafo; ele toca as substâncias como um grafista (sobretudo se ele é japonês) que alterna os potinhos, os pincéis, a pedra de tinta, a água, o papel; ele cumpre assim, na agitação do restaurante e no cruzamento dos pedidos, um escalonamento, não do tempo, mas dos tempos (os de uma gramática da *tempura*), torna visível a gama das práticas, recita o alimento não como uma mercadoria acabada, da qual só a perfeição teria algum valor (o que é o caso de nossas iguarias), mas como um produto cujo sentido não é final mas progressivo, esgotado, por assim dizer, quando sua produção é terminada: é você que come, mas foi ele que jogou, escreveu, produziu.

PACHINKO

O Pachinko é uma máquina caça-níqueis. Compra-se, no balcão, uma pequena provisão de bolinhas metálicas; depois, diante do aparelho (espécie de quadro vertical), com uma das mãos enfia-se cada bolinha numa boca, enquanto com a outra, graças a um gatilho, propulsa-se a bolinha através de um circuito de passagens em ziguezague; se o disparo é certeiro (nem muito forte, nem muito fraco), a bolinha impelida libera uma chuva de outras bolinhas, que caem em nossa mão, e tudo o que se tem a fazer é recomeçar – a menos que se prefira trocar o ganho por uma recompensa irrisória (tablete de chocolate, laranja, maço de cigarro). Os *halls* de Pachinko são muito numerosos, e sempre cheios de

Mangeoires et latrines.

um público variado (jovens, mulheres, estudantes de túnica preta, homens sem idade de terno). Diz-se que o volume de negócios do Pachinko é igual (ou mesmo superior) ao de todas as grandes lojas do Japão (o que, sem dúvida, não é pouca coisa).

O Pachinko é um jogo coletivo e solitário. As máquinas são dispostas em longas filas; cada um, em pé, diante de seu quadro, joga para si mesmo, sem olhar o vizinho, que no entanto ele acotovela. Ouve-se apenas o rumor das bolinhas propulsadas (a cadência de sua sucção é muito rápida); o *hall* é uma colméia ou um ateliê; os jogadores parecem estar trabalhando em cadeia. O sentido imperioso da cena é o de um labor aplicado, absorto; nunca uma atitude preguiçosa, desenvolta ou coquete, nada daquela ociosidade teatral de nossos jogadores ocidentais, demorando-se em pequenos grupos desocupados em torno de um bilhar elétrico, ou bem conscientes de emitir, para os outros clientes do café, a imagem de um deus hábil e sabido. Quanto à arte desse jogo, ela também difere da de nossas máquinas. Para o jogador ocidental, uma vez lançada a bola, trata-se sobretudo de corrigir pouco a pouco seu trajeto de queda (dando golpes no aparelho); para o jogador japonês, tudo se determina no disparo, tudo depende da força impressa ao gatilho pelo polegar; o dedilhado é imediato, definitivo, e apenas nele reside o talento do jogador, que só pode corrigir o acaso de antemão e com um único golpe; ou mais exatamente: a propulsão da bolinha é, no máximo, delicadamente retida ou apressada (mas não dirigida) pela mão do jogador que, com um único movimento, move e vigia; essa mão é, pois, a de um artista (à moda japonesa), para o qual o traço (gráfico) é um "acidente controlado". O Pachinko reproduz, em suma, na ordem mecânica, o próprio princípio da pintura *alla prima*, que exige executar o traço com um único movimento, uma vez por todas, e que, em razão da própria qualidade do papel e da tinta, nunca pode ser corrigido; da mesma maneira, a bolinha lançada não pode ser desviada (seria de uma grosseria indigna maltratar o aparelho, como fazem nossos trapaceiros ocidentais): seu caminho é predeterminado pelo único relâmpago de seu disparo.

Para que serve essa arte? para regular um circuito nutritivo. A máquina ocidental sustenta um simbolismo da penetração: trata-se, por um "golpe" bem desferido, de possuir a *pin-up* que, bem iluminada no painel, provoca e espera. No Pachinko, nenhum sexo (no Japão – nesse país que chamo de Japão – a sexualidade está no sexo, não em outra parte; nos Estados Unidos é o contrário: o sexo está em toda parte, exceto na sexualidade). Os aparelhos são manjedouras alinhadas; o jogador, com um gesto destro, renovado com tal rapidez que parece ininterrupto, alimenta a máquina com bolinhas: ele as enfia como se entope um ganso; de tempo em tempo, a máquina, repleta, solta sua diarréia de bolinhas: por alguns ienes, o jogador é simbolicamente salpicado de dinheiro. Compreende-se, então, a seriedade de um jogo que opõe, à constrição da riqueza capitalista, à parcimônia constipada dos salários, a derrocada voluptuosa das bolinhas de prata que, de um só golpe, enche a mão do jogador.

CENTRO DA CIDADE, CENTRO VAZIO

As cidades quadrangulares, reticulares (Los Angeles, por exemplo), produzem, segundo dizem, um mal-estar profundo; elas ferem em nós um sentimento cenestésico da cidade, que exige, de todo espaço urbano, um centro aonde ir e de onde voltar, um lugar completo com que se possa sonhar, aonde se dirigir e de onde se retirar, numa palavra: inventar-se. Por múltiplas razões (históricas, econômicas, religiosas, militares), o Ocidente compreendeu bem demais essa lei: todas as suas cidades são concêntricas; mas também, conforme ao próprio movimento da metafísica ocidental, para a qual todo centro é o lugar da verdade, o centro de nossas cidades é sempre *pleno*: lugar marcado, é nele que se reú-

La Ville est
un idéogramme :
le Texte
continue.

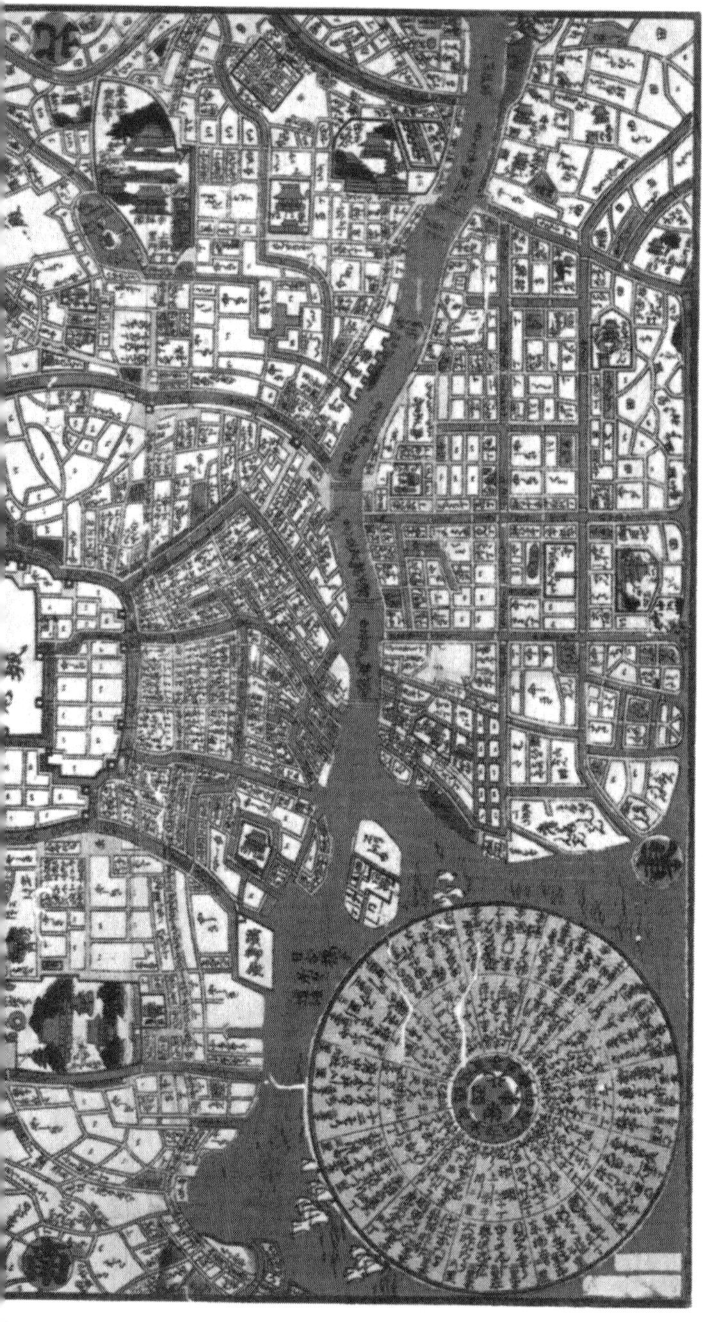

nem e se condensam os valores da civilização: a espiritualidade (com as igrejas), o poder (com os escritórios), o dinheiro (com os bancos), a mercadoria (com as grandes lojas), a fala (com as ágoras: cafés e passeios); ir ao centro é encontrar a "verdade" social, é participar da plenitude soberba da "realidade".

A cidade de que falo (Tóquio) apresenta este paradoxo precioso: possui certamente um centro, mas esse centro é vazio. A cidade toda gira em torno de um lugar ao mesmo tempo proibido e indiferente, morada escondida pela vegetação, protegida por fossos de água, habitada por um imperador que nunca se vê, isto é, literalmente, por não se sabe quem. Diariamente, em sua circulação rápida, enérgica, expeditiva como a linha de um tiro, os táxis evitam esse círculo, cuja crista baixa, forma visível da invisibilidade, oculta o "nada" sagrado. Uma das duas cidades mais poderosas da modernidade é, portanto, construída em torno de um anel opaco de muralhas, de águas, de tetos e de árvores, cujo centro não é mais do que uma idéia evaporada, subsistindo ali não para irradiar algum poder, mas para dar a todo o movimento urbano o apoio de seu vazio central, obrigando a circulação a um perpétuo desvio. Dessa maneira, dizem-nos, o imaginário se abre circularmente, por voltas e rodeios, ao longo de um sujeito vazio.

SEM ENDEREÇOS

As ruas desta cidade não têm nome. Existe um endereço escrito, mas ele só tem um valor postal, refere-se a um cadastro (por bairros e quarteirões, nada geométricos) cujo conhecimento é acessível ao carteiro, não ao visitante: a maior cidade do mundo é praticamente inclassificada, os espaços que a compõem no pormenor são desprovidos de nomes. Essa obliteração domiciliar parece incômoda àqueles (como nós) que foram habituados a decretar que o mais prático é sempre o mais racional (princípio em virtude do qual a melhor toponímia urbana seria a das ruas-números, como nos Estados Unidos ou em Quioto, cidade chinesa). Tóquio nos lembra, entretanto, que o racional é apenas um sistema entre outros. Para que haja domínio do real (no caso, o dos endereços), basta que haja sistema, mesmo que esse sistema seja aparentemente ilógico, inutilmente complicado, curiosamente disparatado: sabemos que um bom trabalho de bricolagem pode, não apenas resistir por muito tempo, mas também satisfazer a milhões de habitantes afeitos, por outro lado, a todas as perfeições da civilização técnica.

O anonimato é compensado por certo número de expedientes (pelo menos é assim que nos parece), cuja combinação forma sistema. Pode-se representar o en-

Caderno de endereços

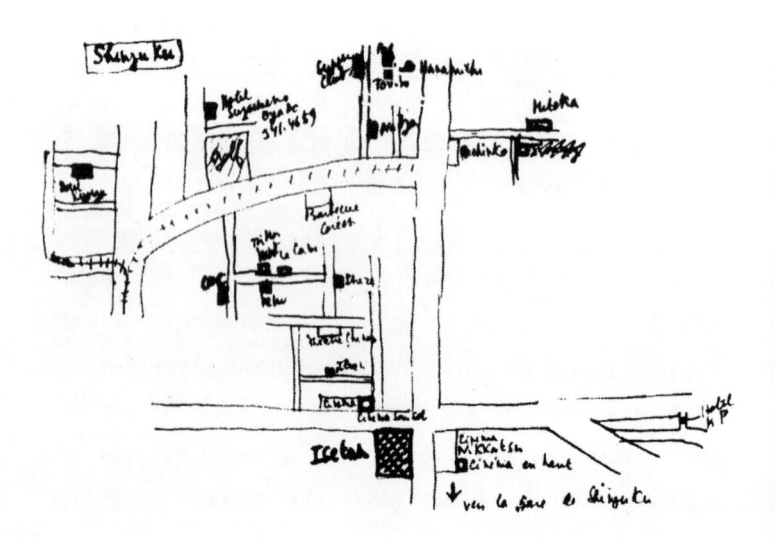

| *O império dos signos* |

dereço por um esquema de orientação (desenhado ou impresso), espécie de levantamento geográfico que situa o domicílio a partir de um ponto de referência conhecido, uma estação, por exemplo (os habitantes são hábeis nesses desenhos de improviso), em que vemos esboçar-se, num pedaço de papel, uma rua, um prédio, um canal, uma via férrea, um letreiro, e que fazem da troca de endereços uma comunicação delicada, na qual a vida do corpo recupera seu lugar, uma arte do gesto gráfico: é sempre saboroso ver alguém escrevendo e, ainda mais, desenhando: de todas as vezes em que assim me comunicaram um endereço, guardo o gesto de meu interlocutor virando seu lápis para apagar suavemente, com a borracha situada em sua extremidade, a curva excessiva de uma avenida, a junção de um viaduto (embora a borracha seja um objeto contrário à tradição gráfica do Japão, vinha ainda desse gesto algo de pacífico, acariciante e seguro, como se, mesmo nesse ato fútil, o corpo *"trabalhasse com mais reserva do que o espírito"*, conforme o preceito do ator Zeami; a fabricação do endereço superava, em muito, o próprio endereço, e, fascinado, eu teria desejado que levassem horas para me dar esse endereço). Podemos assim, por pouco que já conheçamos o lugar aonde vamos, dirigir nós mesmos o táxi de rua em rua. Podemos, finalmente, pedir ao motorista que se faça guiar ele mesmo pelo habitante longínquo à casa de quem vamos, a partir de um dos grandes telefones vermelhos instalados em quase todas as bancas de uma rua. Tudo isso faz da experiência visual um elemento decisivo da orientação: afirmação banal, se se tratasse de uma floresta ou um sertão, mas que o é bem

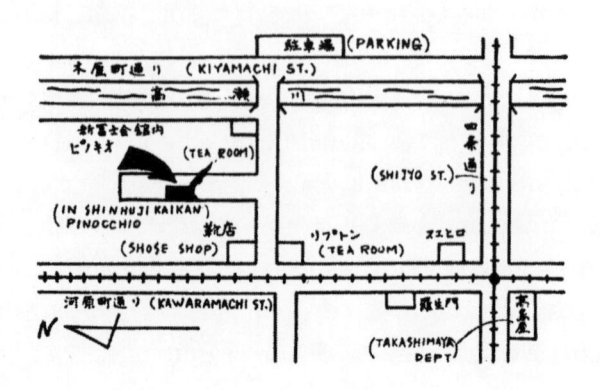

menos em se tratando de uma cidade moderna muito grande, cujo conhecimento é geralmente garantido pelo mapa, pelo guia, pela lista telefônica, em suma, pela cultura impressa e não pela prática gestual. Aqui, pelo contrário, a moradia não é sustentada por nenhuma abstração; afora o cadastro, ela é apenas pura contingência: muito mais factual do que legal, ela cessa de afirmar a conjunção de uma identidade com uma propriedade. Essa cidade só pode ser conhecida por uma atividade de tipo etnográfico: é preciso orientar-se nela, não pelo livro, pelo endereço, mas pela caminhada, pela visão, pelo hábito, pela experiência; toda descoberta é aí intensa e frágil, só poderá ser reencontrada pela lembrança do rasto que deixou em nós: visitar um lugar pela primeira vez é, assim, começar a escrever: como o endereço não está escrito, é preciso que ele funde sua própria escritura.

A ESTAÇÃO

Nesta cidade imensa, verdadeiro território urbano, o nome de cada bairro é nítido, conhecido, colocado sobre o mapa um pouco vazio (já que as ruas não têm nome) como um grande *flash*; ele adquire aquela identidade fortemente significante que Proust, à sua maneira, explorou em seus Nomes de Lugares. Se o bairro é bem delimitado, reunido, contido, terminado sob seu nome, é porque há um centro, mas esse centro é espiritualmente vazio: em geral é uma estação.

A estação, vasto organismo em que se abrigam ao mesmo tempo os grandes trens, os trens urbanos, o metrô, uma grande loja e todo um comércio subterrâneo, dá ao bairro aquele ponto de referência que, segundo certos urbanistas, permite que a cidade signifique, seja lida. A estação japonesa é atravessada por mil trajetos funcionais, da viagem à compra, da roupa à comida: um trem pode desembocar numa seção de calçados. Destinada ao comércio, à passagem, à partida e, contudo, mantida num único edifício, a estação (será aliás assim que devemos chamar esse novo complexo?) é esvaziada daquele caráter sagrado que marca geralmente os grandes pontos de referência de nossas cidades: catedrais, igrejas, prefeituras, monumentos históricos. Aqui, o ponto de referência é inteiramente prosaico; sem dúvida, o mercado é também, freqüentemente, o lugar central da cidade ocidental; mas, em Tóquio, a mercadoria é desfeita pela instabilidade da estação: uma partida incessante contraria sua concentração; dir-se-ia que ela é apenas a matéria preparatória do pacote, e que o próprio pacote é apenas o passe, o tíquete que permite partir.

Assim, cada bairro se concentra no buraco de sua estação, ponto vazio de afluência de seus empregos e de seus prazeres. Em determinado dia, decido ir a tal ou tal bairro, sem outro objetivo senão uma espécie de percepção prolongada de seu nome. Sei que, em Ueno, encontrarei no térreo uma estação cheia de jovens esquiadores; mas seus subterrâneos, extensos como uma cidade, ladeados de lojinhas, de bares populares, povoados de *clochards*, de viajantes dormindo, falando, comendo no

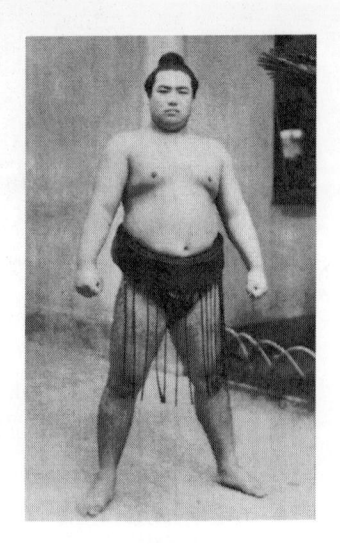

Estes lutadores formam uma casta; vivem à parte, usam cabelos longos e alimentam-se com uma comida ritual. A luta dura apenas um átimo: o tempo de derrubar a outra massa. Nenhuma crise, nenhum drama, nenhum esgotamento, em suma, nenhum esporte: o signo do peso, não o eretismo do conflito.

chão, realizam enfim a essência romanesca do *bas-fond*. Bem perto – mas outro dia – será um outro povo: nas ruas mercantis de Asakusa (sem automóveis), sob arcos de flores de cerejeira de papel, vendem-se roupas bem novas, confortáveis e baratas: blusões de couro grosso (nada de delinqüente), luvas orladas de pele negra, echarpes de lã muito longas que se usam jogadas por cima de um ombro, como as das crianças de aldeia que voltam da escola, bonés de couro, toda a indumentária lustrosa e lanosa do bom operário, que precisa se agasalhar bem, corroborada pela opulência das grandes bacias fumegantes em que se cozinha lentamente a sopa de macarrão. E, do outro lado do anel imperial (vazio,

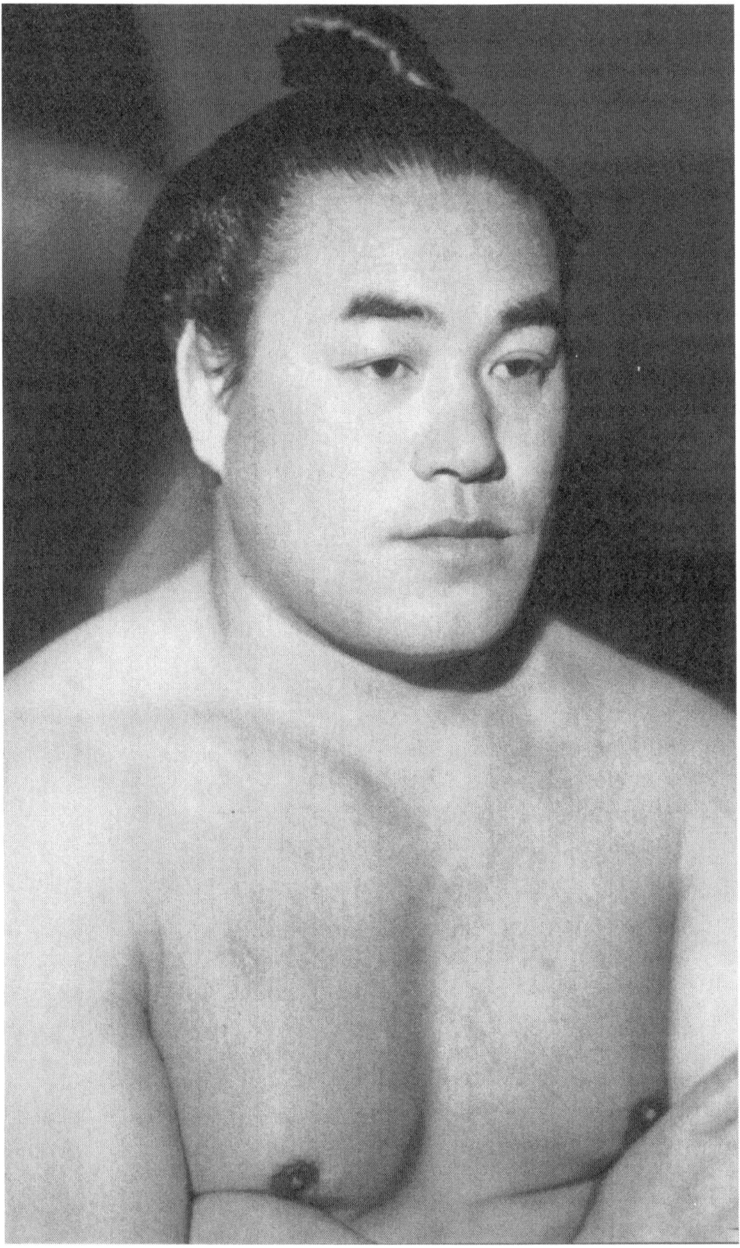

como dissemos), é ainda outro povo: Ikebukuro, operário e camponês, rugoso e amigável como um grande cão bastardo. Todos esses bairros produzem raças diferentes, outros corpos, uma familiaridade nova a cada vez. Atravessar a cidade (ou penetrar em sua profundeza, pois há sob a terra redes de bares, de lojas, às quais se tem acesso às vezes por uma simples entrada de prédio, de modo que, passada essa porta estreita, descobrimos, suntuosa e densa, a Índia negra do comércio e do prazer) é viajar no Japão de alto a baixo, superpor à topografia a escrita dos rostos. Assim soa cada nome, suscitando a idéia de uma aldeia, provida de uma população tão individual quanto a de uma tribo, da qual a cidade imensa seria a selva. Esse som do lugar é o da história; pois o nome significante é, aqui, não lembrança, mas anamnese, como se toda Ueno e toda Asakusa me viesse deste haicai antigo (escrito por Bashô no século XVII):

> *Uma nuvem de cerejeiras em flor:*
> *O sino. – O de Ueno?*
> *O de Asakusa?*

OS PACOTES

Se os buquês, os objetos, as árvores, os rostos, os jardins e os textos, se as coisas e as maneiras japonesas nos parecem pequenas (nossa mitologia exalta o grande, o vasto, o largo, o aberto), não é em razão de seu tamanho, é porque todo objeto, todo gesto, mesmo o mais livre, o mais móvel, parece *emoldurado*. A miniatura não vem do tamanho, mas de uma espécie de precisão que a coisa põe ao delimitar-se, deter-se, acabar. Essa precisão nada tem de razoável ou de moral: a coisa não é *nítida* de um modo puritano (por limpeza, franqueza ou objetividade), mas antes por um suplemento alucinatório (análogo à visão provocada pelo haxixe, nas palavras de Baudelaire) ou por um recorte que tira do objeto a empáfia do sentido e priva sua presença, sua posição no mundo, de toda *tergiversação*. E, no entanto, essa moldura é invisível: a coisa japonesa não é contornada como uma iluminura; não é formada de um contorno forte, de um desenho, que viriam "preencher" a cor, a sombra, a pincelada; à sua volta, há: *nada*, um espaço vazio que a torna fosca (e portanto a nossos olhos: reduzida, diminuída, pequena).

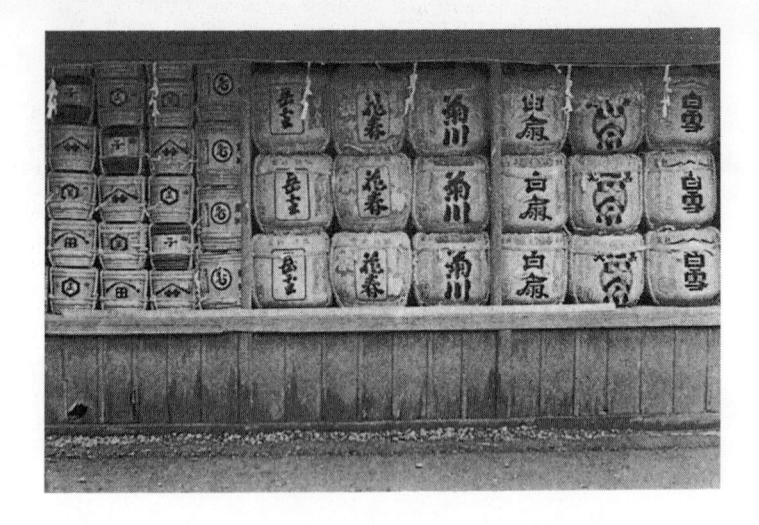

Diríamos que o objeto desmonta, de modo ao mesmo tempo inesperado e refletido, o espaço no qual está sempre situado. Por exemplo: o quarto conserva limites escritos, são as esteiras no chão, as janelas lisas, as divisórias montadas em ripas (imagem pura da superfície), nas quais não se distinguem as portas corrediças; tudo aqui é *traço*, como se o quarto fosse escrito com um único golpe de pincel. Entretanto, por uma disposição segunda, esse rigor é, por sua vez, desmontado: as divisórias são frágeis, perfuráveis, as paredes deslizam, os móveis são escamoteáveis, de modo que reencontramos, no cômodo japonês, aquela "fantasia" (de vestimenta, sobretudo) graças à qual todo japonês desmonta – sem simular ou se dar ao trabalho de o subverter – o conformismo de seu ambiente. Ou ainda: num buquê japonês, "rigorosamente construído" (segundo a linguagem da estética ocidental), e quaisquer que sejam as intenções simbólicas dessa construção, enunciadas em todo guia do Japão e em todos os livros de arte sobre a *Ikebana*, o que se produz é a circulação do ar, do qual as flores, as folhas, os galhos (palavras demasiadamente botânicas) são, em suma, apenas as divisórias, os corredores, as passagens delicadamente traçadas segundo a idéia de uma *raridade*, que nós outros dissociamos da natureza, como se somente a profusão *provasse* o natural; o buquê japonês tem um volume; obra-prima desconhecida, assim como sonhava Frenhofer, o herói de Balzac que desejava poder passar por detrás da personagem pintada, podemos avançar o corpo no interstício de seus galhos, nas aberturas de sua estatura, não *ler* (ler seu simbolismo), mas refazer o trajeto da mão que o escreveu: escritura verdadeira, pois produz um volume e, impedindo que a leitura seja o simples deciframento de uma mensagem (mesmo que altamente simbólica), permite refazer o traçado de seu trabalho. Ou enfim (e sobretudo): mesmo sem considerar emblemático o jogo conhecido das caixas japonesas, alojadas uma na outra até o vazio, podemos já ver uma verdadeira meditação semântica no menor pacote japonês. Geométrico, rigorosamente desenhado e no entanto assinado em algum lugar por uma dobra ou um laço assimétricos, pelo cuidado, pela própria técnica de sua confecção, a combinação do papelão, da madeira, do papel, das fitas, ele já não é o acessório passageiro do objeto transportado, mas torna-se ele mesmo objeto; o invólucro, em si, é consagrado como coisa preciosa, embora gratuita; o pacote é um pensamento; assim, numa revista vagamente pornográfica, a imagem de um jovem japonês nu, amarrado de modo muito regular, como um salame: a intenção sádica (muito mais exibida do que cumprida) é ingenuamente – ou ironicamente – absorvida na prática, não de uma passividade, mas de uma arte extrema: a do pacote, do cordame.

Entretanto, em virtude de sua própria perfeição, esse invólucro muitas vezes repetido (nunca acabamos de desfazer o pacote) faz recuar a descoberta do objeto que contém – e que é freqüentemente insignificante, pois é precisamente uma especialidade do pacote japonês que a futilidade da coisa seja desproporcionada ao luxo do invólucro: um docinho, um pouco de pasta de feijão açucarada, um *souvenir* vulgar (como os que o Japão sabe infelizmente produzir) são embalados com tanta suntuosidade quanto uma jóia. Diríamos, em suma, que a caixa é o objeto do presente, não o que ela contém: revoadas de estudantes, após uma excursão de um dia, trazem para seus pais um belo pacote contendo não se sabe o quê, como se tivessem partido para bem longe e isso fosse para eles uma ocasião de se consagrar, coletivamente, à volúpia do pacote. Assim, a caixa brinca de signo: como invólucro, *écran*, máscara, ela *vale por* aquilo que esconde, protege e contudo designa: ela *trapaceia**, no duplo sentido, monetário e psicológico; mas aquilo mesmo que ela contém e significa é, por muito tempo, *remetido para mais tarde*, como se a função do pacote não fosse a de proteger no espaço, mas a de adiar no tempo; é no invólucro que parece investido o trabalho da *confecção* (do fazer), mas exatamente por isso o objeto perde algo de sua existência, torna-se miragem: de invólucro a invólucro, o significado foge, e, quando finalmente o temos (há sempre *qualquer coisinha* no pacote), ele parece insignificante, irrisório, vil: o prazer, campo do significante, foi experimentado: o

....
* No original: "elle *donne le change*", expressão idiomática que significa *enganar* e contém a palavra *câmbio*. (N. da T.)

pacote não é vazio, mas esvaziado: encontrar o objeto que está no pacote, ou o significado que está no signo, é jogá-lo fora: o que os japoneses transportam, com uma energia formigante, são afinal signos vazios. Pois há, no Japão, uma profusão daquilo que poderíamos chamar de instrumentos de transporte; eles são de toda espécie, de todas as formas, de todas as substâncias: pacotes, bolsos, bolsas, malas, panos (o *fujô*: lenço ou xale camponês com que se embrulha a coisa), todo cidadão tem, na rua, uma trouxa qualquer, um signo vazio, energicamente protegido, apressadamente transportado, como se o acabamento, o enquadramento, o contorno alucinatório que funda o objeto japonês o destinasse a uma translação generalizada. A riqueza da coisa e a profundidade do sentido só são expedidas à custa de uma tripla qualidade, imposta a todos os objetos fabricados: que estes sejam precisos, móveis e vazios.

AS TRÊS ESCRITAS

Os bonecos do *Bunraku* têm de um a dois metros de altura. São homenzinhos ou mulherzinhas com membros, mãos e boca móveis; cada boneco é movido por três homens visíveis, que o cercam, sustentam, acompanham: o mestre segura o alto do boneco e seu braço direito; ele tem o rosto descoberto, liso, claro, impassível, frio como *"uma cebola branca que acaba de ser lavada"* (Bashô); os dois ajudantes se vestem de preto, um pano esconde seus rostos; um deles, enluvado mas com o polegar descoberto, segura uma grande tesoura com fios, graças à qual ele move o braço e a mão esquerdos do boneco; o outro, rastejando, sustenta seu corpo, garante sua marcha. Esses homens evoluem ao longo de um

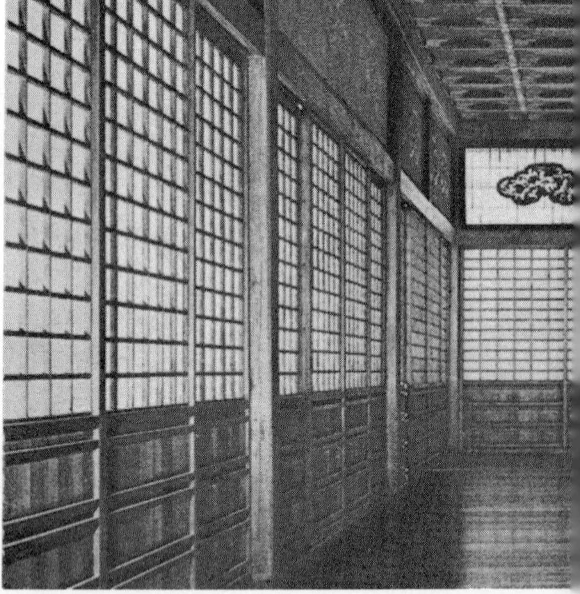

Renversez l'image :
rien de plus, rien d'autre, rien.

fosso pouco profundo, que deixa seus corpos aparentes. O cenário fica atrás deles, como no teatro. Ao lado, um estrado acolhe os músicos e os recitantes; o papel destes é *exprimir* o texto (como se espreme uma fruta); esse texto é meio falado, meio cantado; pontuado com grandes pancadas de plectro, pelos tocadores de *shamisen*, ele é ao mesmo tempo comedido e atirado, com violência e artifício. Suados e imóveis, os porta-vozes ficam sentados atrás de pequenas estantes que sustentam o grande escrito que vocalizam e do qual vemos, de longe, os caracteres verticais, quando eles viram uma página de seu libreto; um triângulo de tecido esticado, amarrado a seus ombros como uma pipa, emoldura seu rosto, que é submetido a todas as angústias da voz.

O *Bunraku* pratica três escritas separadas, que dá a ler simultaneamente em três lugares do espetáculo; a marionete, o manipulador, o vociferante: o gesto efetuado, o gesto efetivo, o gesto vocal. A voz: trunfo real da modernidade, substância particular de linguagem que, em toda parte, tentamos fazer triunfar. Bem ao contrário, o *Bunraku* tem uma idéia *limitada* da voz; ele não a suprime, mas destina-lhe uma função bem definida, essencialmente trivial. Na voz do recitante, vêm de fato reunir-se: a declamação exagerada, o *tremolo*, o tom superagudo, feminino, as entonações entrecortadas, os choros, os paroxismos da cólera, da queixa, da súplica, do espanto, o *páthos* indecente, toda a cozinha da emoção, elaborada abertamente no nível daquele corpo interno, visceral, do qual a laringe é o músculo mediador. Mas esse transbordamento só acontece segundo o próprio código do transbordamento: a voz se move apenas através de alguns signos descontínuos de tempestade; lançada para fora de um corpo imóvel, triangulado pela vestimenta, ligada ao livro que, de sua estante, o guia, cravada secamente pelas pancadas levemente defasadas (e por isso mesmo impertinentes) do tocador de *shamisen*, a substância vocal fica escrita, descontinuada, codificada, submetida a uma ironia (se tirarmos dessa palavra todo sentido cáustico); assim, o que a voz exterioriza, afinal de contas, não é o que ela carrega (os "sentimentos"), é ela mesma, sua própria prostituição; o significante, astuciosamente, apenas se revira, como uma luva.

Sem ser eliminada (o que seria um modo de a censurar, isto é, de designar sua importância), a voz é então posta de lado (em cena, os recitantes ocupam um estrado lateral). O *Bunraku* lhe dá um contrapeso, ou melhor, uma contramarcha: a do gesto. O gesto é duplo: gesto emotivo no nível da marionete (as pessoas choram no momento do suicídio da boneca-amante), ato transitivo no nível dos manipuladores. Em nossa arte teatral, o ator finge que age, mas seus atos nunca passam de gestos: no palco, apenas teatro, mas teatro envergonhado.

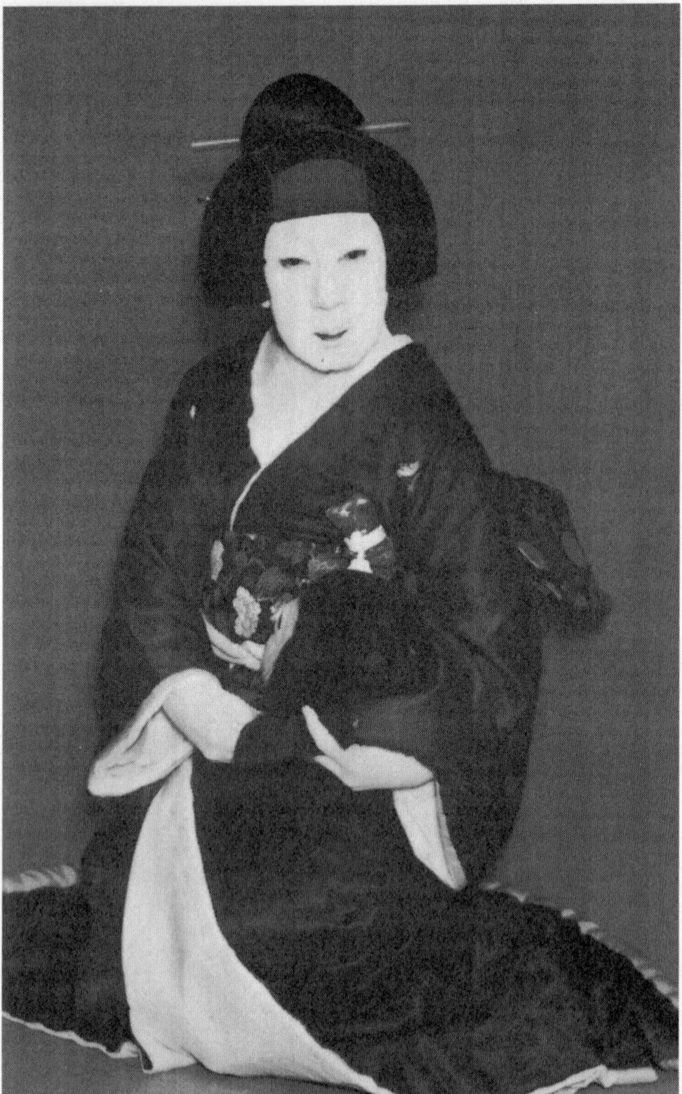

O travesti oriental não copia a Mulher, ele a significa: não se envisga em seu modelo, desliga-se de seu significado: a Feminilidade é dada à leitura, não à visão: translação, não transgressão; o signo passa do grande papel feminino ao qüinquagenário pai de família: é o mesmo homem, mas onde começa a metáfora?

O *Bunraku* (por definição) separa o ato do gesto: ele mostra o gesto, deixa ver o ato, expõe ao mesmo tempo a arte e o trabalho, reserva a cada um deles sua escrita. A voz (e não há, então, nenhum risco de deixá-la atingir as regiões excessivas de sua gama) é secundada por um vasto volume de silêncio, no qual se inscrevem, com ainda maior fineza, outros traços, outras escritas. E aqui se produz um efeito inédito: longe da voz e quase sem mímica, essas escritas silenciosas, uma transitiva, outra gestual, produzem uma exaltação tão especial, talvez, quanto a hiperestesia intelectual que se atribui a certas drogas. Sendo a fala, não purificada (o *Bunraku* não tem nenhuma preocupação de ascese), mas por assim dizer concentrada à margem da representação, as substâncias envenenadoras do teatro ocidental são dissolvidas: a emoção já não inunda, já não submerge, torna-se leitura, os estereótipos desaparecem sem que, com isso, o espetáculo tenda para a originalidade, o "achado". Tudo isso corresponde, claro, ao efeito de distanciamento recomendado por Brecht. Aquela distância, entre nós reputada impossível, inútil ou irrisória, e abandonada apressadamente, embora Brecht a tenha situado muito precisamente no centro da dramaturgia revolucionária (e isto certamente explica aquilo), o *Bunraku* permite compreender como essa distância pode funcionar: pelo descontínuo dos códigos, por aquela cesura imposta aos diferentes traços da representação, de modo que a cópia elaborada sobre o palco seja, não destruída, mas de certa forma quebrada, estriada, subtraída ao contágio metonímico da voz e do gesto, da alma e do corpo, que envisga nossos atores.

Espetáculo total mas dividido, o *Bunraku* exclui, é claro, a improvisação: voltar à espontaneidade seria voltar aos estereótipos que constituem nossa "profundidade". Como Brecht havia visto, aqui reina a *citação*, a pitada de escrita, o fragmento de código, pois nenhum dos promotores da representação pode atribuir à sua própria pessoa aquilo que ele nunca escreve sozinho. Como no texto moderno, o entrançamento dos códigos, das referências, das constatações desligadas, dos gestos antológicos multiplica a linha escrita, não pela verdade de algum sinal metafísico, mas pelo jogo de uma combinatória que se abre no espaço inteiro do teatro: o que é começado por um é continuado pelo outro, sem descanso.

Le Signe est une fracture
qui ne s'ouvre jamais que sur le visage
d'un autre signe.

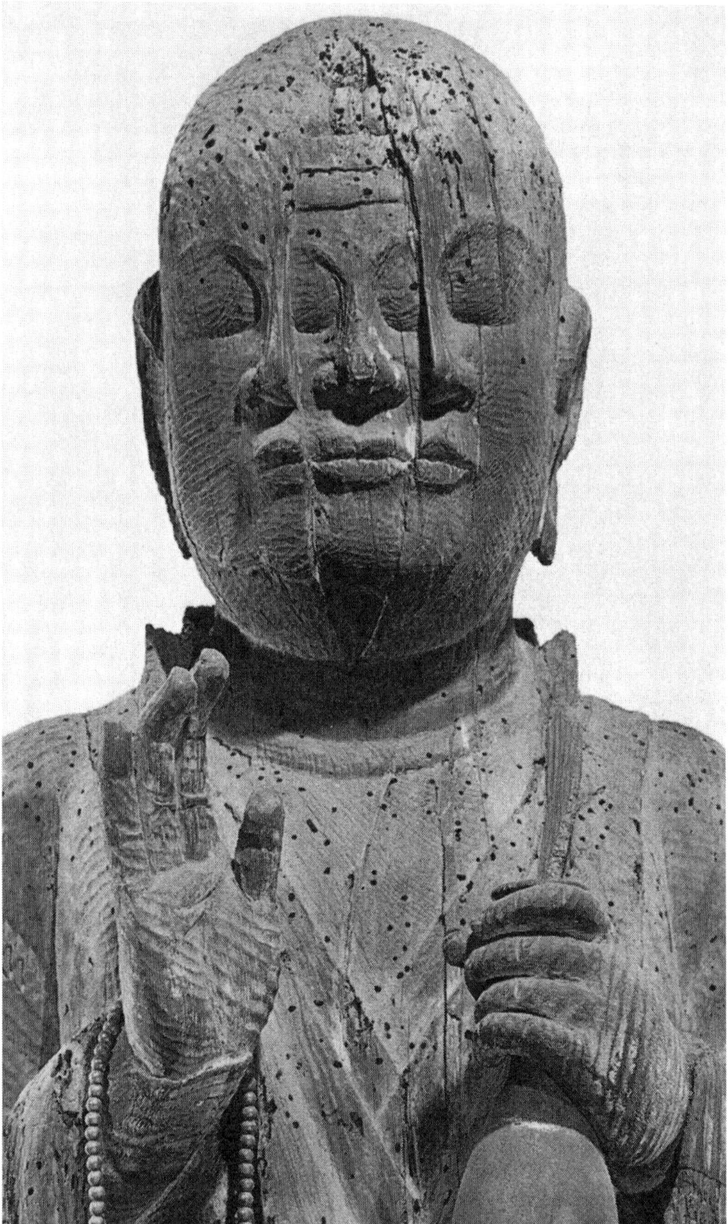

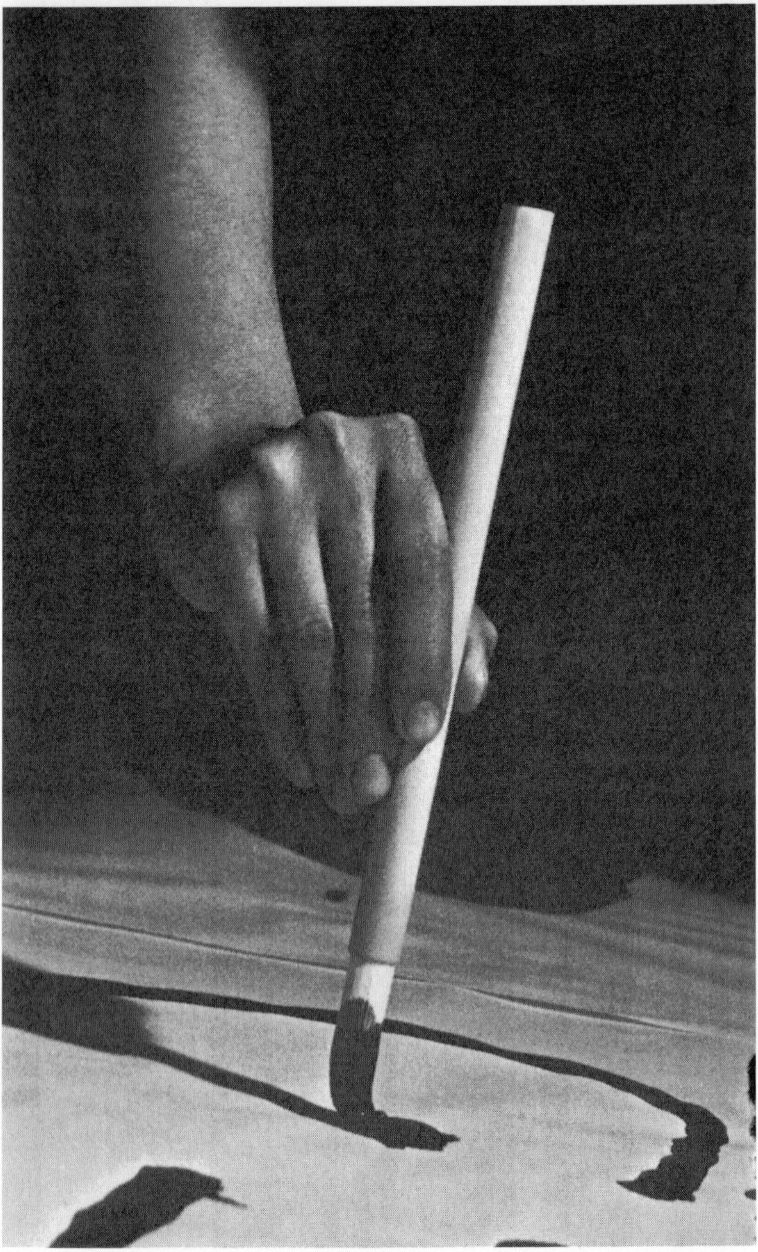

A escrita, portanto, brota *do plano de inscrição, porque ela se faz a partir de um recuo e de uma defasagem não observável (não face a face; incitando de imediato não à visão, mas ao traçado) que divide o suporte em corredores, como que para lembrar o vazio plural no qual ela se realiza – ela é somente* destacada *na superfície, vem tecer-se na superfície, é delegada, do fundo que não é um fundo, para a superfície que não é mais uma superfície, mas fibra* escrita por baixo, na vertical de sua parte superior *(o pincel se mantém ereto na palma) – o ideograma entrando, assim, na coluna – tubo ou escala – e aí se dispondo em patamares, como uma barra complexa desencadeada pela monossílaba no campo da voz: essa coluna pode ser considerada como um "punho vazio", no qual aparece primeiro um "único traço", o sopro que atravessa o braço cavado, e a operação perfeita deve ser a da "ponta escondida" ou da "ausência de rastos".*

Philippe Sollers, Sur le matérialisme, *1969.*

ANIMADO/INANIMADO

Tratando uma antinomia fundamental, a do *animado/inanimado*, o *Bunraku* a perturba, a desfaz sem proveito para nenhum dos termos. Entre nós, a marionete (o polichinelo, por exemplo) é encarregada de apresentar ao ator o espelho de seu contrário; ela anima o inanimado, mas é para melhor manifestar sua degradação, a indignidade de sua inércia; caricatura da "vida", por isso mesmo ela afirma seus limites *morais* e pretende confinar a beleza, a verdade, a emoção no corpo vivo do ator, que, no entanto, faz desse corpo uma mentira. O *Bunraku* não remete ao ator, livra-nos dele. Como? Precisamente por certo pensamento do corpo humano que a matéria inanimada leva aqui, com infinitamente mais rigor e frêmito do que o corpo animado (dotado de uma "alma"). O ator ocidental (naturalista) nunca é bonito; seu corpo pretende ser essência fisiológica, não plástica: é uma coleção de órgãos, uma musculatura de paixões, na qual cada mola (voz, mímica, gesto) está submetida a uma espécie de exercício de ginástica; mas, por uma reviravolta propriamente burguesa, embora o corpo do ator seja construído segundo uma divisão das essências passionais, toma de empréstimo à fisiologia o álibi de uma unidade orgânica, a da "vida": é o ator que é aqui marionete, apesar do caráter contínuo de seu desempenho, cujo modelo não é a carícia, mas somente a "verdade" visceral.

O fundamento de nossa arte teatral é, de fato, muito menos a ilusão de realidade do que a ilusão de totalidade; periodicamente, da *choréia* grega à ópera burguesa, concebemos a arte lírica como a simultaneidade de várias expressões (representada, cantada, mimada), cuja origem é única, indivisível. Essa origem é o corpo, e a totalidade buscada tem por modelo a unidade orgânica: o espetáculo ocidental é antropomorfo; nele, o gesto e a palavra (sem falar do canto) formam um único tecido, conglomerado e lubrificado como um único músculo, que move a expressão mas jamais a divide: a unidade do movimento e da voz produz *aquele* que atua; por outras palavras, é nessa unidade que se constitui a "pessoa" da personagem, isto é, o ator. De fato, sob sua aparência "viva" e "natural", o ator ocidental preserva a divisão de seu corpo e, por conseguinte, o alimento de nossos fantasmas: aqui a voz, ali o olhar, acolá a postura são erotizados, como vários pedaços do corpo, como vários fetiches. A marionete ocidental também (isto é bem visível no Polichinelo) é um subproduto fantasmático: como redução, reflexo rangente cuja pertença à ordem humana é constantemente lembrada por uma simulação caricatural, ela não vive como um corpo total, totalmente vibrante, mas como uma porção rígida do ator do qual emana; como autômato, ela é ainda pedaço de movimento, sobressalto, sacudida, essência do descontínuo, projeção decomposta dos gestos do corpo; enfim, como boneco, reminiscência do trapo, do penso genital, ela é exatamente a "pequena coisa" fálica ("*das Kleine*") caída do corpo para se tornar fetiche.

Pode ser que a marionete japonesa conserve algo dessa origem fantasmática; mas a arte do *Bunraku* imprime-lhe um sentido diverso; o *Bunraku* não visa a "animar" um objeto inanimado, de modo a tornar vivo um pedaço do corpo, uma lasca de homem, conservando sua vocação de "parte"; não é a simulação do corpo que ele busca, é, por assim dizer, sua abstração sensível. Tudo o que atribuímos ao corpo total, e que é recusado a nossos atores sob pretexto de unidade orgânica, "viva", o homenzinho do *Bunraku* o recolhe e o diz sem nenhuma mentira: a fragilidade, a discrição, a suntuosidade, a nuance inédita, o abandono de toda trivialidade, o fraseado melódico dos gestos, em suma, as qualidades que os sonhos da antiga teologia concediam ao corpo glorioso, isto é, a impassibilidade, a clareza, a agilidade, a sutileza. Eis o que o *Bunraku* realiza, eis como converte o corpo-fetiche em corpo amável, eis como recusa a antinomia *animado/inanimado* e dispensa o conceito que se esconde por detrás de toda *animação* da matéria, e que é simplesmente "a alma".

DENTRO/FORA

Veja-se o teatro ocidental dos últimos séculos; sua função é essencialmente a de manifestar o que é considerado secreto (os "sentimentos", as "situações", os "conflitos"), escondendo entretanto o próprio artifício da manifestação (o maquinário, a pintura, a maquiagem, as fontes de luz). O palco à italiana é o espaço dessa mentira: tudo acontece num interior sub-repticiamente aberto, surpreendido, espiado, saboreado por um espectador escondido na obscuridade. Esse espaço é teológico, é o da Falta: de um lado, numa luz que ele finge ignorar, o ator, isto é, o gesto e a fala; do outro, no escuro, o público, isto é, a consciência.

O *Bunraku* não subverte diretamente a relação da sala com o palco (embora as salas japonesas sejam infinitamente menos confinadas, menos abafadas, menos sobrecarregadas do que as nossas); o que ele altera, mais profundamente, é a ligação motora que vai da personagem ao ator e que é sempre concebida, entre nós, como a via expressiva de uma interioridade. É preciso lembrar que os agentes do espetáculo, no *Bunraku*, são ao mesmo tempo visíveis e impassíveis; os homens de preto se empenham em torno do boneco, mas sem nenhuma afetação de habilidade ou de discrição, e, por assim dizer, sem nenhuma demagogia publicitária; silenciosos, rápidos, elegantes, seus atos são eminentemente transitivos, operatórios, coloridos pela mistura de força e sutileza que marca o gestuário japonês e que é como o invólucro estético da eficácia; quanto ao mestre, sua cabeça é descoberta; liso, nu, sem maquiagem, o que lhe confere um caráter civil (não teatral), seu rosto é oferecido à leitura dos espectadores; mas o que é cuidadosamente, preciosamente dado à leitura, é que não há nada para ser lido; reencontramos aqui a isenção do sentido que mal podemos compreender, pois, entre nós, atacar o sentido é escondê-lo ou invertê-lo, jamais dispensá-lo. Com o *Bunraku*, as fontes do teatro são expostas em seu vazio. O que é expulso do palco é a histeria, isto é, o próprio teatro; e o que é posto em seu lugar é a ação necessária para a produção do espetáculo; o trabalho substitui a interioridade.

É portanto inútil perguntar-se, como fazem certos europeus, se o espectador pode esquecer ou não a presença dos manipuladores. O *Bunraku* não pratica nem a ocultação nem a manifestação enfática de seus meios; assim, ele alivia a animação do ator de todo relento sagrado e abole a ligação metafísica que o Ocidente não consegue deixar de estabelecer entre a alma e o corpo, a causa e o efeito, o motor e a máquina, o agente e o ator, o Destino e o homem, Deus e a criatura; se o manipulador não está escondido, por que e como fazer dele um Deus? No *Bunraku*, a marionete não está presa a nenhum fio. Sem fio, não há mais metáfora, não há mais Destino; como a marionete não macaqueia mais a criatura, o homem não é mais uma marionete nas mãos da divindade, o *dentro* não comanda mais o *fora*.

MESURAS

Por que, no Ocidente, a polidez é considerada com suspeita? Por que a cortesia nos parece uma distância (se não uma fuga) ou uma hipocrisia? Por que uma relação "informal" (como se diz aqui com gulodice) é mais desejável do que uma relação codificada?

A impolidez do Ocidente se apóia em certa mitologia da "pessoa". Topologicamente, o homem ocidental é considerado duplo, composto de um "exterior", social, factício, falso, e de um "interior", pessoal, autêntico (lugar da comunicação divina). Segundo esse desenho, a "pessoa" humana é aquele lugar cheio de natureza (ou de divindade, ou de culpabilidade), cinturado, fechado num invólucro social pouco estimado: o gesto polido

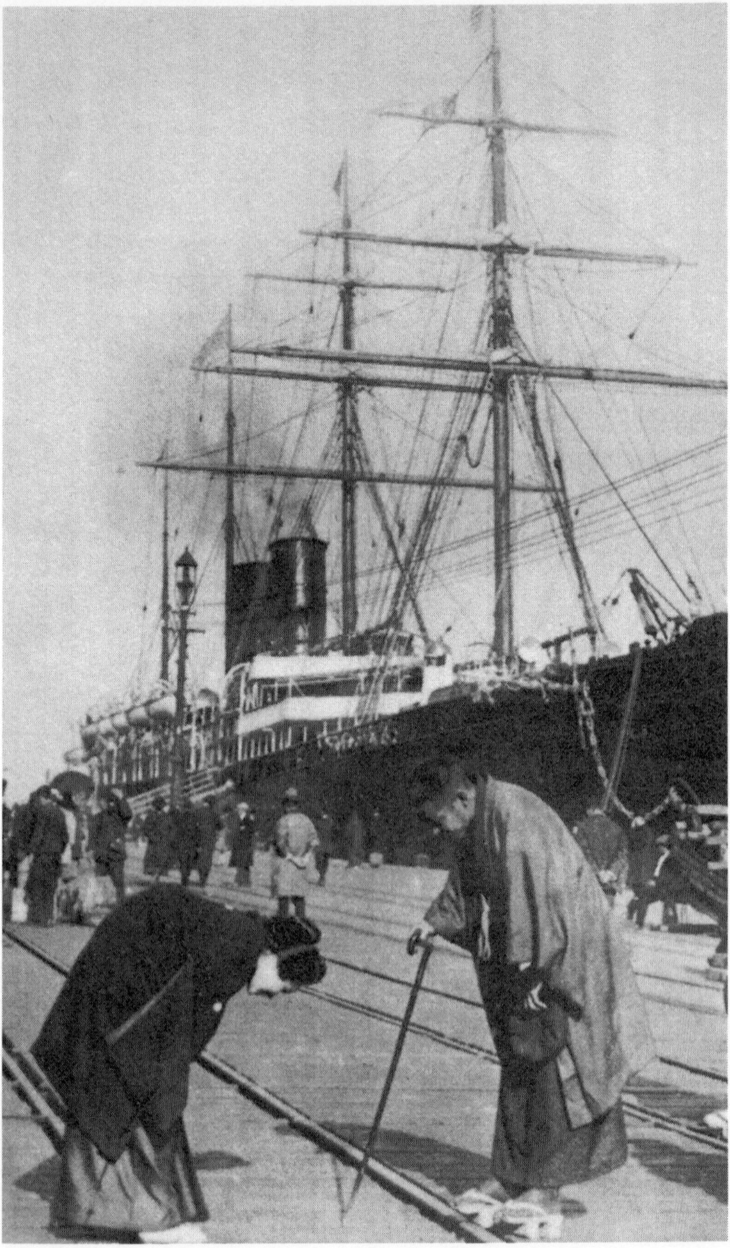

(quando é postulado) é o sinal de respeito trocado entre uma plenitude e outra, através do limite mundano (isto é, apesar e por intermédio desse limite). Entretanto, se é o interior da "pessoa" que é julgado respeitável, é lógico reconhecer melhor essa pessoa negando todo interesse por seu invólucro mundano: é então a relação pretensamente franca, brutal, nua, mutilada (assim se crê) de toda sinalética, indiferente a todo código intermediário, que respeitará melhor o valor individual do outro: ser mal-educado é ser verdadeiro, diz logicamente a moral ocidental. Pois, se há de fato uma "pessoa" humana (densa, plena, centrada, sagrada), é ela, sem dúvida, que num primeiro movimento pretendemos "cumprimentar" (com a cabeça, os lábios, o corpo); mas minha própria pessoa, entrando inevitavelmente em luta com a plenitude da outra, só poderá fazer-se reconhecida rejeitando toda mediação do factício e afirmando a integridade (palavra justamente ambígua: física e moral) de seu "interior"; e, num segundo momento, reduzirei minha saudação, fingirei que ela é natural, espontânea, livre, purificada de todo código: serei apenas gracioso, ou gracioso segundo uma fantasia aparentemente inventada, como a princesa de Parma (em Proust) assi-

Qui salue qui ?

nalando a amplidão de suas rendas e a altura de sua posição social (isto é, seu modo de ser "cheia" de coisas e de se constituir como pessoa), não pela rigidez distante de seu trato, mas pela "simplicidade" voluntária de suas maneiras: como sou simples, como sou gracioso, como sou franco, o quanto sou *alguém*, é o que diz a impolidez do ocidental.

A outra polidez, pela minúcia de seus códigos, pelo grafismo nítido de seus gestos, e justamente quando ela nos parece exageradamente respeitosa (isto é, a nossos olhos, "humilhante"), porque nós a lemos habitualmente segundo uma metafísica da pessoa, essa polidez é um certo exercício do vazio (como se pode esperar de um código forte, mas significando "nada"). Dois corpos se inclinam muito baixo, um diante do outro (os braços, os joelhos e a cabeça permanecendo sempre num lugar regrado), segundo graus de profundidade

Le cadeau est seul :
il n'est touché
ni par la générosité
ni par la reconnaissance,
l'âme ne le contamine pas.

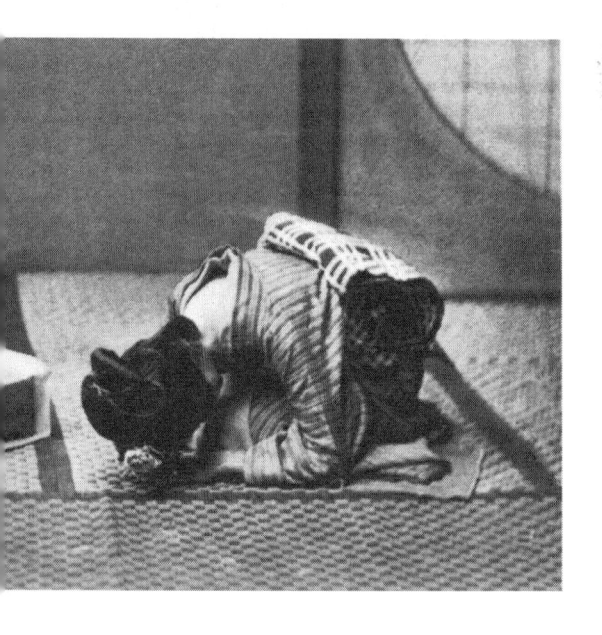

sutilmente codificados. Ou ainda (numa imagem antiga): para oferecer um presente, achato-me, curvado até a incrustação, e, para me responder, meu parceiro faz o mesmo: uma mesma linha baixa, a do chão, junta o oferecedor, o receptor e o objeto do protocolo, uma caixa que talvez não contenha nada – ou tão pouca coisa; uma forma gráfica (inscrita no espaço do cômodo) é assim conferida ao ato de troca, no qual, por essa forma, anula-se toda avidez (o presente fica suspenso entre dois desaparecimentos). A saudação pode ser aqui subtraída a toda humilhação ou a toda vaidade, porque literalmente não saúda ninguém; ela não é o signo de uma comunicação, vigiada, condescendente e precavida entre duas autarquias, dois impérios pessoais (cada um reinando sobre seu Eu, pequena propriedade de que tem a "chave"); ela é apenas o traço de uma rede de formas na qual nada é detido, amarrado, profundo. *Quem saúda quem?* Somente tal pergunta justifica a saudação, inclina-a até a curvatura, o achatamento, faz triunfar nela não o sentido, mas o grafismo, e dá, a uma postura que lemos como excessiva, a própria discrição de um gesto do qual todo significado está inconcebivelmente ausente. *A Forma é Vazia*, diz – e rediz – a frase budista. É o que enunciam, por uma prática das formas (palavra em que o sentido plástico e o sentido mundano são aqui indissociáveis), a polidez da saudação, a curvatura de dois corpos que se escrevem mas não se prosternam. Nossos hábitos de fala são muito viciosos, pois, se digo que lá a polidez é uma religião, dou a entender que nela há algo sagrado; a expressão deve ser desviada, de modo a sugerir que a religião é lá apenas uma polidez, ou ainda melhor: que a religião foi substituída pela polidez.

O ARROMBAMENTO DO SENTIDO

O haicai tem esta propriedade algo fantasmática: imaginamos sempre que podemos fazê-lo facilmente. Dizemo-nos: o que pode ser mais acessível à escrita espontânea do que isto (de Buson):

> *É noite, outono,*
> *Penso somente*
> *Em meus pais.*

O haicai apetece: quantos leitores ocidentais não sonharam em passear pela vida com um caderninho na mão, anotando aqui e ali algumas "impressões" cuja brevidade garantiria a perfeição, cuja simplicidade atestaria a profundidade (em virtude de um duplo mito, um clássico, que faz da concisão uma prova de arte, outro romântico, que atribui um prêmio de verdade à improvisação). Ao mesmo tempo que é inteligível, o haicai não quer dizer nada, e é por essa dupla condição que parece ofertado ao sentido de modo particularmente disponível, prestativo, como um hospedeiro polido que nos permite instalarmo-nos à vontade em sua casa, com nossas manias, nossos valores, nossos símbolos; a "ausência" do haicai (como se diz tanto de um espírito irreal quanto de um proprietário que viajou) solicita o suborno, o arrombamento, em uma palavra, a maior cobiça, a do sentido. O haicai, livre das exigências métricas (nas traduções que temos dele), parece oferecer-nos em profusão, a bom preço e por encomenda esse sentido precioso, vital, desejável como a fortuna (acaso e dinheiro); no haicai, alguém diria, o símbolo, a metáfora, a lição custam quase nada: apenas algumas palavras, uma imagem, um sentimento – ali onde nossa literatura exige ordinariamente um poema, um desenvolvimento ou (no gênero breve) um pensamento cinzelado, em suma um grande trabalho retórico. Assim o haicai parece dar ao Ocidente direitos que sua literatura lhe recusa, e comodidades que ela lhe regateia. Você tem o direito, diz o haicai, de ser fútil, curto, comum; encerre o que você vê, o que sente, num escasso horizonte de palavras, e isso será interessante; você tem o direito de fundar pessoalmente (e a partir de você mesmo) sua própria notabilidade; sua frase, qualquer que seja, enunciará uma lição, liberará um símbolo, você será profundo; com pouca despesa, sua escrita será *plena*.

O Ocidente umecta todas as coisas com sentido, como uma religião autoritária que impõe o batismo a populações; os objetos de linguagem (feitos com palavras)

são, é claro, legitimamente convertidos: o primeiro sentido da língua chama, metonimicamente, o sentido segundo do discurso, e esse apelo tem valor de obrigação universal. Temos dois meios de poupar o discurso da infâmia do não-sentido, e submetemos sistematicamente a enunciação (por uma colmatagem desvairada de qualquer nulidade que poderia dar a ver o vazio da linguagem) a uma ou outra destas *significações* (ou fabricações ativas de signos): o símbolo e o arrazoado, a metáfora e o silogismo. O haicai, cujas proposições são sempre simples, corriqueiras, em suma *aceitáveis* (como se diz na lingüística), é atraído para um ou outro desses dois impérios do sentido. Como se trata de um poema, nós o alojamos na parte do código geral dos sentimentos que chamamos de "emoção poética" (a Poesia é geralmente, para nós, o significante do "difuso", do "inefável", do "sensível", é a classe das impressões inclassificáveis); falamos de "emoção concentrada", de "anotação sincera de um instante privilegiado", e sobretudo de "silêncio" (que, para nós, é signo de uma plenitude de linguagem). Se um (Jôco) escreve:

> *Quantas pessoas*
> *Passaram através da chuva de outono*
> *Sobre a ponte de Seta!*

vemos aí a imagem do tempo que foge. Se outro (Bashô) escreve:

> *Chego pela senda da montanha.*
> *Ah! isto é lindo!*
> *Uma violeta!*

é que ele encontrou um eremita budista, "flor de virtude"; e assim por diante. Nenhum traço deixa de ser investido, pelo comentarista ocidental, de uma carga de símbolos. Ou ainda, querem ver a qualquer preço, no terceto do haicai (seus três versos de cinco, sete e cinco sílabas), um desenho silogístico em três tempos (a subida, o suspense, a conclusão):

> *A velha lagoa:*
> *Uma rã salta nela:*
> *Oh! o ruído da água.*

(nesse singular silogismo, a inclusão é feita à força: para ser contida, é preciso que a menor salte na maior). É claro que, se renunciássemos à metáfora e ao silogismo, o comentário se tornaria impossível: falar do haicai seria pura e simplesmente repeti-lo. O que faz, inocentemente, um comentador de Bashô:

Quatro horas já...
Levantei-me nove vezes
Para admirar a Lua.

"A Lua é tão bela", diz ele, "que o poeta se levanta muitas vezes para contemplá-la à janela." Decifradoras, formalizantes ou tautológicas, as vias de interpretação, destinadas entre nós a *penetrar* o sentido, isto é, a fazê-lo entrar por arrombamento – e não a sacudi-lo, a fazê-lo cair, como o dente do ruminante de absurdo que deve ser o praticante do Zen, em face de seu *koan* –, só podem, pois, perder o haicai; pois o trabalho de leitura a ele ligado consiste em suspender a linguagem, não em provocá-la: empresa cuja dificuldade e cuja necessidade o mestre do haicai, Bashô, parecia conhecer bem:

Como é admirável
Aquele que não pensa: "A Vida é efêmera"
Ao ver um relâmpago!

A ISENÇÃO DO SENTIDO

O Zen inteiro guerreia contra a prevaricação do sentido. Sabemos que o budismo desmonta a via fatal de toda asserção (ou de toda negação), recomendando que jamais nos deixemos aprisionar nas quatro proposições seguintes: *isto é A – isto não é A – é ao mesmo tempo A e não-A – não é nem A nem não-A*. Ora, essa quádrupla possibilidade corresponde ao paradigma perfeito construído pela lingüística estrutural *A – não-A – nem A nem não-A (grau zero) – A e não-A (grau complexo)*; por outras palavras, a via budista é precisamente a do sentido obstruído: o próprio arcano da significação, isto é, o paradigma, torna-se *impossível*. Quando o Sexto Patriarca dá suas instruções concernentes ao *mondo*, exercício da pergunta-resposta, ele recomenda que, para melhor embaralhar o funcionamento paradigmático, logo que um termo é colocado, nos desloquemos para o termo adverso (*"Se, questionando-o, alguém o interroga sobre o ser, responda pelo não-ser. Se ele o interroga sobre o não-ser, responda pelo ser. Se ele o interroga sobre o homem comum, responda falando do sábio etc."*), de modo a fazer aparecer a irrisão do gatilho paradigmático e o caráter mecânico do sentido. O que é visado (por uma técnica mental cuja precisão, paciência, refinamento e saber atestam o quanto o pensamento oriental considera difícil a isenção do sentido) é o fundamento do signo, isto é, a classificação (*maya*); constrangido à classificação por excelência, a da linguagem, o haicai opera pelo menos com vistas a obter uma linguagem plana, que não se apóia (como acontece sempre em nossa poesia) em camadas superpostas de sentido, o que poderíamos chamar de "folheado" dos símbolos. Quando nos dizem que foi o ruído da rã que despertou Bashô para a verdade do Zen, podemos entender (embora esta seja ainda uma maneira de dizer demasiadamente ocidental) que Bashô descobriu nesse ruído não o motivo de uma "iluminação", de uma hiperestesia simbólica, mas antes um fim da linguagem: há um momento em que a linguagem cessa (momento obtido à custa de muitos exercícios), e é esse corte sem eco que institui, ao mesmo tempo, a verdade do Zen e a forma, breve e vazia, do haicai. A denegação do "desenvolvimento" é aqui radical, pois não se trata de deter a linguagem num silêncio pesado, pleno, profundo, místico, nem mesmo num vazio da alma que se abriria à comunicação divina (o Zen é sem Deus); o que é colocado não deve ser desenvolvido nem no discurso nem no fim do discurso; o que é colocado é *fosco*, e tudo que dele podemos fazer é repeti-lo; é isso que se recomenda ao praticante que trabalha um *koan* (ou anedota que lhe é proposta por seu mestre): não se trata de resolvê-lo, como se ele tivesse um sentido, nem mesmo de perceber sua absurdidade (que é ainda um sentido), mas de ruminá-lo "até que o dente caia". Todo o Zen, do qual o haicai é apenas o ramo literário, aparece assim como uma imensa prática destinada a *deter a linguagem*, a quebrar essa espécie de radiofonia interior que se emite continuamente em nós, até em nosso sono (talvez seja por isso que se impedem os praticantes de dormir), a esvaziar, a estupefazer, a enxugar a tagarelice incoercível da alma; e talvez o que se chama, no Zen, de *satori*, e que os ocidentais só podem traduzir por palavras vagamente cristãs (*iluminação*, *revelação*, *intuição*), seja somente uma suspensão pânica da linguagem, o branco que apaga em nós o reino dos Códigos, a quebra dessa recitação interior que constitui nossa pessoa; e, se esse estado de *a-linguagem* é uma libertação, é porque para a experiência budista a proliferação dos pensamentos secundários (o pensamento do pensamento) ou, por outras palavras, o suplemento infinito dos significados supranumerários – círculo de que a própria linguagem é a depositária e o modelo – aparece como um bloqueio: é, pelo contrário, a abolição do segundo pensamento que rompe o infinito vicioso da linguagem. Em todas essas experiências, ao que parece, não se trata de esmagar a linguagem sob o silêncio místico do inefável, mas de *comedi-la*, de deter esse pião verbal, que carrega em seu giro o jogo obsessivo das substituições simbólicas. Em suma, é o símbolo como operação semântica que é atacado.

No haicai, a limitação da linguagem é objeto de um cuidado para nós inconcebível, pois não se trata de ser conciso (isto é, de encurtar o significante sem diminuir a densidade do significado), mas ao contrário de agir sobre a própria raiz do sentido, para fazer com que esse sentido não se difunda, não se interiorize, não se torne implícito, não se solte, não divague no infinito das metáforas, nas esferas do símbolo. A brevidade do haicai não é formal; o haicai não é um pensamento rico reduzido a uma forma breve, mas um acontecimento breve que acha, de golpe, sua forma justa. O comedimento da linguagem é aquilo a que o ocidental é mais impróprio: não é que ele faça algo demasiadamente longo ou demasiadamente curto, mas é toda a sua retórica que o obriga a desproporcionar o significante e o significado, quer "diluindo" o segundo sob as ondas tagarelas do primeiro, quer "aprofundando" a forma em direção às regiões implícitas do conteúdo. A justeza do haicai (que não é, de modo algum, pintura exata do real, mas adequação do significante e do significado, supressão das margens, borrões e interstícios que geralmente excedem ou esburacam a relação semântica), essa justeza tem evidentemente algo de musical (música dos sentidos, e não forçosamente dos sons): o haicai tem a pureza, a esfericidade e o vazio de uma nota musical; é talvez por isso que ele é dito duas vezes, em eco; dizer apenas uma vez essa palavra preciosa seria atribuir um sentido à surpresa, à ponta, à repentinidade da perfeição; dizê-lo várias vezes seria postular que há um sentido a ser descoberto, seria simular a profundidade; entre os dois, nem singular nem profundo, o eco não faz mais do que traçar uma linha sob a nulidade do sentido.

O INCIDENTE

A arte ocidental transforma a "impressão" em descrição. O haicai nunca descreve: sua arte é contradescritiva, na medida em que todo estado da coisa é imediatamente, obstinadamente, vitoriosamente convertido numa essência frágil de aparição: momento literalmente "insustentável", em que a coisa, embora já sendo apenas linguagem, vai se tornar fala, vai passar de uma linguagem a outra e constitui-se como a lembrança desse futuro, por isso mesmo anterior. Pois no haicai não é somente o acontecimento propriamente dito que predomina,

(Vi a primeira neve.
Naquela manhã esqueci-me
De lavar o rosto.)

mas até mesmo aquilo que nos pareceria ter vocação de pintura, de quadrinho – tão freqüentes na arte japonesa –, como este haicai de Shiki:

> *Com um touro a bordo,*
> *Um barquinho atravessa o rio,*
> *Através da chuva vespertina.*

torna-se ou é apenas uma espécie de acento absoluto (como o que qualquer coisa, fútil ou não, recebe no Zen), uma leve dobra na qual é pinçada, com um golpe certeiro, a página da vida, a seda da linguagem. A descrição, gênero ocidental, tem seu correspondente espiritual na contemplação, inventário metódico das formas atributivas da divindade ou dos episódios da narrativa evangélica (em Inácio de Loyola, o exercício da contemplação é essencialmente descritivo); o haicai, pelo contrário, articulado sobre uma metafísica sem sujeito e sem deus, corresponde ao *Mu* búdico, ao *satori* Zen, que não é de modo algum descida iluminativa de Deus, mas "despertar diante do fato", captura da coisa como acontecimento e não como substância, acesso à margem anterior da linguagem, contígua à opacidade (aliás inteiramente retrospectiva, reconstituída) da aventura (aquilo que acontece à linguagem, mais ainda do que ao sujeito).

O número, a dispersão dos haicais, por um lado, e a brevidade, o fechamento de cada um deles, por outro lado, parecem dividir, classificar o mundo até o infinito, constituir um espaço de puros fragmentos, uma poeira de acontecimentos que nada, por uma espécie de abandono da significação, pode ou deve coagular, construir, dirigir, terminar. É que o tempo do haicai é sem sujeito: a leitura não tem outro *eu* senão a totalidade dos haicais de que esse *eu*, por refração infinita, nunca é mais do que o lugar de leitura; segundo uma imagem proposta pela doutrina Hua-Yen, poderíamos dizer que o corpo coletivo dos haicais é uma rede de jóias, na qual cada jóia reflete todas as outras e assim por diante, até o infinito, sem que haja jamais um centro a ser captado, um núcleo primeiro de irradiação (para nós, a imagem mais justa desse ricochete sem motor e sem trava, desse jogo de brilhos sem origem, seria o dicionário, no qual a palavra só pode ser definida por outras palavras). No Ocidente, o espelho é um objeto essencialmente narcíseo: o homem só pensa no espelho para se olhar; mas no Oriente, ao que parece, o espelho é vazio; ele é símbolo do próprio vazio dos símbolos (*"O espírito do homem perfeito"*, diz um mestre do Tao, *"é como um espelho. Não capta nada, mas não rejeita nada. Recebe, mas não conserva"*): o espelho só capta outros espelhos, e essa reflexão infinita é o pró-

Jardin Zen :
« Nulle fleur, nul pas :
  Où est l'homme ?
Dans le transport des rochers,
dans la trace du râteau,
dans le travail de l'écriture. »

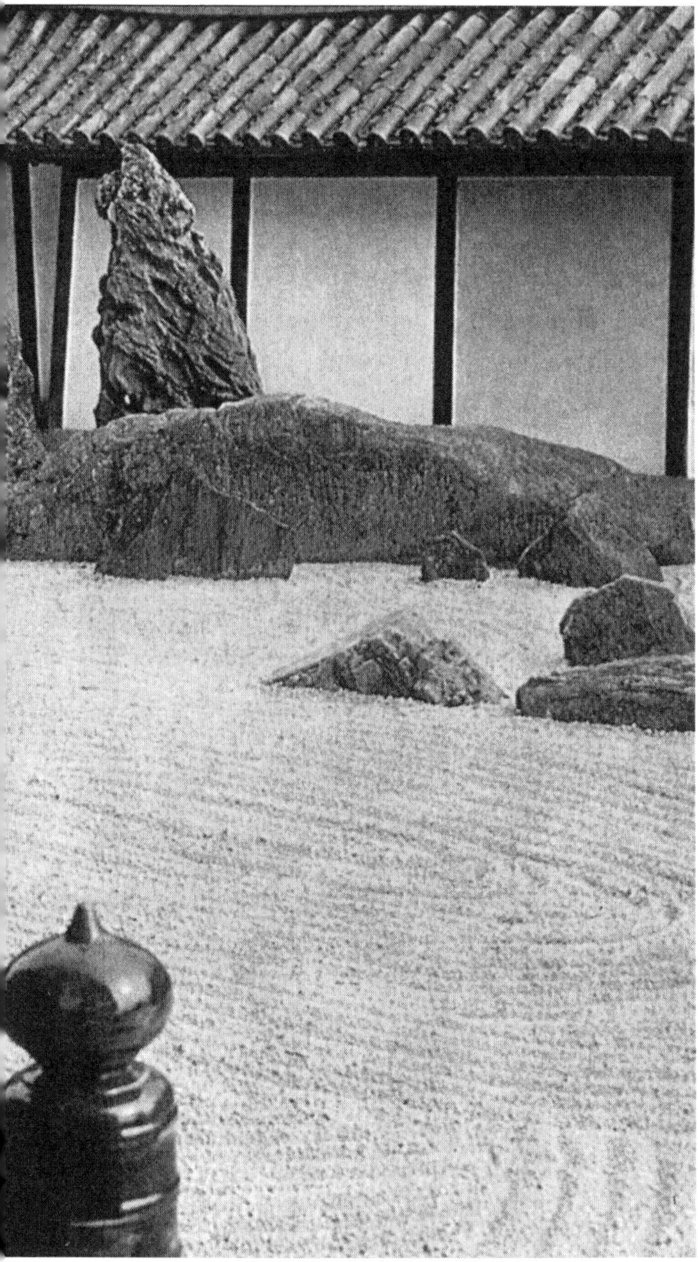

prio vazio (que, como se sabe, é a forma). Assim, o haicai nos lembra aquilo que nunca nos aconteceu; nele, *reconhecemos* uma repetição sem origem, um acontecimento sem causa, uma memória sem pessoa, uma fala sem amarras.

O que digo aqui do haicai poderia ser dito também de tudo o que *advém* quando se viaja nesse país que aqui chamamos de Japão. Pois lá, na rua, num bar, numa loja, num trem, algo sempre *advém*. Esse algo – que é etimologicamente uma aventura – é de ordem infinitesimal: é uma incongruência de roupa, um anacronismo de cultura, uma liberdade de comportamento, um ilogismo de itinerário etc. Recensear esses acontecimentos seria uma empresa de Sísifo, pois eles só brilham no momento em que os *lemos*, na escrita viva da rua, e o ocidental não poderia dizê-los espontaneamente sem carregá-los com o próprio sentido de sua distância: seria necessário, precisamente, transformá-los em haicais, linguagem que nos é recusada. Pode-se acrescentar que essas aventuras ínfimas (cujo acúmulo, ao longo de um dia, provoca uma espécie de embriaguez erótica) nada têm de pitoresco (o pitoresco japonês nos é indiferente, pois é destacado daquilo que constitui a própria especificidade do Japão, que é sua modernidade) nem de romanesco (não se prestam de modo algum à tagarelice que as transformaria em narrativas ou descrições); o que elas dão a *ler* (lá, eu sou leitor, não visitante) é a retidão da pista, sem rasto, sem margem, sem vibração; tantos comportamentos miúdos (da roupa ao sorriso), que entre nós, por causa do narcisismo inveterado do ocidental, são apenas sinais de uma segurança pretensiosa, tornam-se, entre os japoneses, simples modos de passar, de traçar algo inesperado na rua: pois a segurança e a independência do gesto não remetem mais ali a uma afirmação do eu (a uma "pretensão"), mas somente a um modo gráfico de existir; de modo que o espetáculo da rua japonesa (ou mais geralmente do lugar público), excitante como o produto de uma estética secular da qual toda vulgaridade foi decantada, nunca depende de uma teatralidade (de uma histeria) dos corpos, mas, uma vez mais, daquela escrita *alla prima*, em que o esboço e o arrependimento, a manobra e a correção são igualmente impossíveis, porque o traço, liberado da imagem vantajosa que o scriptor pretenderia dar de si mesmo, não exprime, mas simplesmente faz existir. *"Quando você estiver andando"*, diz um mestre Zen, *"contente-se com andar. Quando estiver sentado, contente-se com estar sentado. Mas sobretudo não tergiverse!"*: é o que parecem me dizer, à sua maneira, o jovem ciclista que leva no alto do braço erguido uma bandeja com tigelas, ou a moça que se inclina, diante dos fregueses que correm para a escada rolante de uma grande loja, num gesto tão profundo, tão ritualizado que este perde todo servilismo, ou o jogador de Pachinko enfiando, propulsando ou recebendo suas bolinhas, em três gestos cuja coordenação é ela mesma um desenho, ou o dândi que, no café, arranca com um gesto ritual (seco e másculo) o invólucro plástico da toalhinha quente, com a qual ele limpará as mãos antes de beber sua coca-cola: todos esses incidentes são a própria matéria do haicai.

TAL

No trabalho do haicai, a isenção do sentido se cumpre através de um discurso perfeitamente legível (contradição recusada à arte ocidental, que só sabe contestar o sentido tornando seu discurso incompreensível), de modo que o haicai não é, a nossos olhos, nem excêntrico nem familiar: ele se parece com tudo e com nada: legível, acreditamos que ele é simples, próximo, conhecido, saboroso, delicado, "poético", em suma oferecido a todo um jogo de predicados reconfortantes: insignificante porém, ele a nós resiste, perde finalmente os adjetivos que um momento antes lhe discerníamos e entra naquela suspensão do sentido que, para nós, é a coisa mais estranha, pois torna impossível o exercício mais corrente de nossa fala, que é o comentário. Que dizer disto:

> *Brisa primaveril:*
> *O barqueiro mastiga seu cachimbo.*

ou disto:

> *Lua cheia*
> *E sobre as esteiras*
> *A sombra de um pinheiro.*

ou disto:

> *Na casa do pescador,*
> *O odor do peixe seco*
> *E o calor.*

ou ainda (mas não enfim, pois os exemplos seriam inúmeros) disto:

> *O vento do inverno sopra.*
> *Os olhos dos gatos*
> *Piscam.*

Tais *traços* (esta palavra convém ao haicai, espécie de leve cutilada traçada no tempo) instalam o que pôde ser chamado de "a visão sem comentário". Essa visão (a palavra é ainda demasiadamente ocidental) é, no fundo, inteiramente privativa; o que é abolido não é o sentido, é toda idéia de finalidade: o haicai não serve a nenhum dos usos (eles mesmos entretanto gratuitos) concedidos à literatura: insignificante (por uma técnica de interrupção do sentido), como poderia ele instruir, exprimir, distrair? Da mesma maneira, enquanto certas escolas Zen concebem a meditação sentada como uma prática *destinada* à obtenção da budeidade, outras recusam até mesmo essa finalidade (que no entanto parece essencial): é preciso ficar sentado *"só para ficar sentado"*. O haicai (como os inúmeros gestos gráficos que marcam a vida japonesa mais moderna, mais social) não é então escrito *"só para escrever"*?

O que desaparece, no haicai, são as duas funções fundamentais de nossa escrita clássica (milenar): de um lado, a descrição (o cachimbo do barqueiro, a sombra do pinheiro, o odor do peixe, o vento do inverno não são descritos, isto é, ornados de significações, de lições, empenhados como índices no desvendamento de uma verdade ou de um sentimento: o sentido é recusado ao real; mais ainda: o real já não dispõe do próprio sentido do real), e, de outro lado, a definição; não somente a definição é transferida ao gesto, mesmo que gráfico, mas também é derivada para uma espécie de florescimento inessencial – excêntrico – do objeto, como bem o diz uma anedota Zen na qual se vê o mestre conceder o prêmio de definição (*"o que é um leque?"*) não à ilustração muda, puramente gestual, da função (*abrir o leque*), mas à invenção de uma série de ações aberrantes (*fechar o leque, coçar o pescoço, reabri-lo, colocar sobre ele um doce e oferecê-lo ao mestre*). Sem descrever nem definir, o haicai (chamo assim, finalmente, todo *traço* descontínuo, todo acontecimento da vida japonesa, tal como ele se oferece à minha leitura), o haicai emagrece até a pura e única designação. *É isso, é assim*, diz o haicai, *é tal*. Ou ainda melhor: *Tal!* diz ele, com um toque tão instantâneo e tão curto (sem vibração nem retomada) que a cópula, nele, ainda apareceria demais, como o remorso de uma definição proibida, para sempre afastada. O sentido é apenas um *flash*, um arranhão de luz: *When the light of sense goes out, but with a flash that has revealed the invisible world**, escrevia Shakespeare; mas o *flash* do haicai não ilumina, não revela nada; é como o de uma fotografia que tirássemos com muito cuidado (à japonesa), mas tendo esquecido de carregar o aparelho com a película. Ou ainda: o haicai (o *traço*) reproduz o gesto designador da criança pequena que aponta com o dedo

---

* "Quando a luz do sentido se vai, mas com um lampejo que revelou o mundo invisível." (N. da T.)

qualquer coisa (o haicai não faz acepção do assunto), dizendo apenas: *isto!*, com um movimento tão imediato (tão privado de toda mediação: a do saber, do nome ou mesmo da posse) que aquilo que é designado é a própria inanidade de toda classificação do objeto: *nada de especial*, diz o haicai, conforme ao espírito do Zen: o acontecimento não é nomeável segundo nenhuma espécie, sua especialidade falha; como um meandro gracioso, o haicai se enrola nele mesmo, e a esteira do signo, que parece ter sido traçada, se apaga: nada foi adquirido, a pedra da palavra foi jogada à-toa: nem vagas nem escorrimento do sentido.

PAPELARIA

É pela papelaria, lugar e catálogo das coisas necessárias à escrita, que nos introduzimos no espaço dos signos; é na papelaria que a mão encontra o instrumento e a matéria do traço; é na papelaria que começa o comércio do signo, antes mesmo de ele ser traçado. Assim, cada nação tem sua papelaria. A dos Estados Unidos é abundante, precisa, engenhosa; é uma papelaria de arquitetos, de estudantes, cujo comércio deve prever posturas descontraídas; ela diz que o usuário não sente nenhuma necessidade de investir em sua escrita, mas que ele precisa de todas as comodidades próprias para registrar confortavelmente os produtos da memória, da leitura, do ensino, da comunicação; um bom domínio do utensílio, mas nenhum fantasma do traço, da ferramenta; empurrada para o simples uso, a escrita não se assume nunca como o jogo de uma pulsão. A papelaria francesa, freqüentemente localizada em *"Casas fundadas em 18..",* nas tabuletas de mármore preto incrustado de letras douradas, continua sendo uma papelaria de contadores, de escribas, de comércio; seu produto exemplar é a minuta, a cópia jurídica e caligrafada, seus patronos são os eternos copiadores, Bouvard e Pécuchet*.

A papelaria japonesa tem por objeto aquela escrita ideográfica que parece, a nossos olhos, derivada da pintura, quando simplesmente ela a funda (é importante que a arte tenha uma origem escritural, e não expressiva). Na mesma medida em que essa papelaria japonesa inventa formas e qualidades para as duas matérias primordiais da escrita, isto é, a superfície e o instrumento que traça, comparativamente, ela negligencia aqueles suplementos do registro que formam o luxo fantasmático das papelarias americanas: como o traço exclui aqui a rasura ou a retomada (pois o caráter é traçado *alla prima*), nenhuma invenção da borracha ou de seus substitutos (a borracha, objeto emblemático do significado que gostaríamos de apagar, ou cuja plenitude, ao menos, desejaríamos tornar mais leve ou mais fina; mas em face

....
* Personagens de Gustave Flaubert. (N. da T.)

L'Apparat
de la Lettre

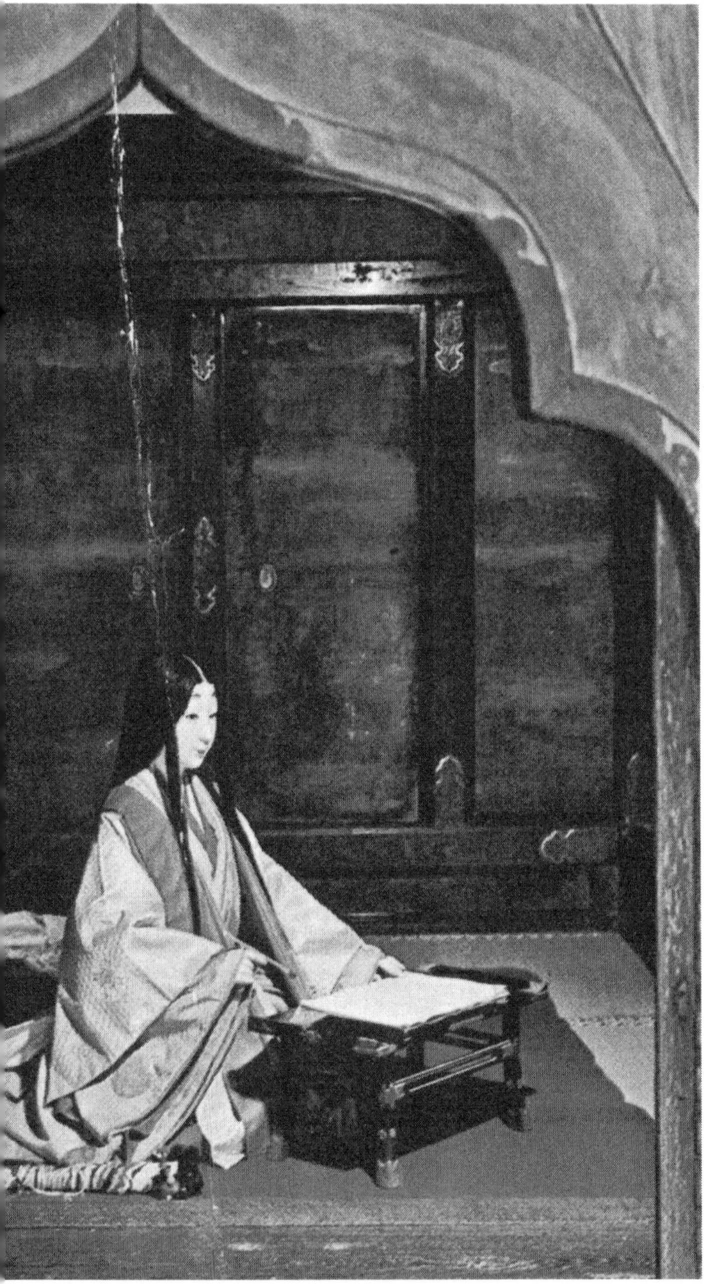

de nosso mundo, do lado do Oriente, para que borrachas, já que o espelho é vazio?). Tudo, na instrumentação, é dirigido para o paradoxo de uma escrita irreversível e frágil, que é ao mesmo tempo, contraditoriamente, incisão e deslizamento: papéis de mil espécies, mas muitos dos quais deixam adivinhar, em seu grão moído com palhas claras, filamentos esmagados, sua origem vegetal; cadernos cujas páginas são duplamente dobradas, como as de um livro que não foi cortado, de modo que a escrita se move através de um luxo de superfícies e ignora o borrão, a impregnação metonímica do avesso e do direito (ela se traça por cima de um vazio): o palimpsesto, o rasto apagado que assim se torna um segredo, é impossível. Quanto ao pincel (passado numa pedra de tinta levemente umedecida), este tem seus gestos, como se fosse o dedo; mas enquanto nossas antigas penas não conheciam o empastamento ou o desligamento, e só podiam, de resto, arranhar o papel sempre no mesmo sentido, o pincel pode deslizar, torcer-se, levantar-se, e o traçado se cumpre, por assim dizer, no volume do ar, tem a flexibilidade carnal, lubrificada, da mão. A caneta hidrográfica, de origem japonesa, substituiu o pincel: essa caneta não é um aperfeiçoamento da ponta, ela mesma oriunda da pena (de aço ou de cartilagem), sua herança direta é a do ideograma. Esse pensamento gráfico, ao qual remete toda papelaria japonesa (em cada grande loja, há um escritor público, que traça sobre longos envelopes debruados de vermelho os endereços verticais dos presentes), reencontramo-lo paradoxalmente (pelo menos para nós) até mesmo na máquina de escrever; a nossa se apressa em transformar a escrita em produto mercantil: ela pré-edita o texto no próprio momento em que escrevemos; a deles, por seus inúmeros caracteres, não mais alinhados em letras sobre uma única frente picotante, mas enrolados em tambores, chama o desenho, a marchetaria ideográfica dispersa através da página, em suma, o espaço; assim, a máquina prolonga, pelo menos virtualmente, uma arte gráfica verdadeira que não seria mais o trabalho estético da letra solitária, mas a abolição do signo, lançado de viés, disparado em todas as direções da página.

O ROSTO ESCRITO

O rosto teatral não é pintado (maquiado), é escrito. Acontece este movimento imprevisto: pintura e escrita, mesmo tendo um instrumento original, o pincel, não é entretanto a pintura que atrai a escrita para seu estilo decorativo, para sua pincelada extensa, acariciante, para seu espaço representativo (como não deixaria de acontecer, sem dúvida, entre nós, para quem o futuro civilizado de uma função é sempre seu enobrecimento estético), é ao contrário o ato de escrita que subjuga o gesto pictórico, de modo que pintar é sempre somente inscrever. Esse rosto teatral (mascarado no Nô, desenhado no Kabuki, artificial no Bunraku) é feito de duas substâncias: o branco do papel, o negro da inscrição (reservado aos olhos).

Este conferencista ocidental, quando é citado pelo Kobé Shinbun, *vê-se japonesado, com os olhos alongados, a pupila enegrecida pela tipografia nipônica.*

O branco do rosto parece ter por função, não a de desnaturalizar a carnação, ou de caricaturá-la (como é o caso de nossos palhaços, cuja farinha ou gesso são apenas uma incitação a pintalgar a cara), mas somente a de apagar o rasto anterior dos traços, levar o rosto à extensão vazia de um tecido fosco que nenhuma substância natural (farinha, pasta, gesso ou seda) vem metaforicamente animar com um grão, uma suavidade ou um reflexo. A face é somente: *a coisa para ser escrita*; mas esse futuro está ele mesmo já escrito, pela mão que cobriu de branco as sobrancelhas, a protuberância do nariz, as superfícies das bochechas, e deu à página de carne o limite negro de uma cabeleira compacta como pedra. A brancura do rosto, nada cândida, mas pesada, densa até a náusea, como o açúcar, significa ao mesmo tempo dois movimentos contraditórios: a imobilidade (que chamaríamos "moralmente" de impassibilidade) e a fragilidade (que chamaríamos, da mesma maneira mas sem maior êxito, de emotividade). Não *sobre* essa superfície, mas gravada, ali incisa, a fenda estritamente alongada dos olhos e da boca. Os olhos sublinhados, privados do círculo pela pálpebra retilínea, chata, e que nenhuma

Por sua vez, o jovem ator Teturo Tanba, citando Anthony Perkins, perde seus olhos asiáticos. O que é pois nosso rosto, senão uma citação?

olheira inferior sustenta (as olheiras: valor propriamente expressivo do rosto ocidental: cansaço, morbidez, erotismo), os olhos desembocam diretamente no rosto, como se fossem o fundo negro e vazio da escrita, "a noite do tinteiro"; ou ainda: o rosto é esticado como um lençol, em direção ao poço negro (mas não "escuro") dos olhos. Reduzido aos significantes elementares da escrita (o vazio da página e o côncavo de suas incisões), o rosto despede todo significado, isto é, toda expressividade: essa escrita não escreve nada (ou escreve: *nada*); não apenas ela não se "presta" (palavra ingenuamente contabilista) a nenhuma emoção, a nenhum sentido (nem mesmo ao da impassibilidade, da inexpressividade), mas ainda não copia nenhum caráter: o travesti (já que os papéis femininos são assumidos por homens) não é um rapaz disfarçado de mulher, graças a muitas nuances, toques veristas, simulações custosas, mas um puro significante cuja *parte de baixo* (a verdade) não é nem clandestina (ciumentamente mascarada), nem sub-repticiamente assinada (por uma piscadela trocista para a virilidade do suporte, como acontece com os travestis ocidentais, louras opulentas cuja mão trivial ou cujo pé grande vêm infalivelmente desmentir o peito hormonal): é simplesmente *ausentado*; o ator, em seu rosto, não simula a mulher nem a copia, somente a significa; se, como diz Mallarmé, a escrita é feita com "os gestos da idéia", o tra-

Ils vont mourir, ils le savent

et cela ne se voit pas.

vesti é aqui o gesto da feminilidade, não o seu plágio; disso decorre que não é de modo algum notável, isto é, de modo algum *marcado* (coisa inconcebível no Ocidente, onde o travestimento já é, em si, mal concebido e mal suportado, puramente transgressivo), ver um ator de cinqüenta anos (muito célebre e honrado) assumir o papel de uma mocinha apaixonada e assustada: pois a juventude, assim como a feminilidade, não é aqui uma essência natural, ao encalço de cuja verdade corremos loucamente; o refinamento do código, sua precisão, indiferente a toda cópia ligada, de tipo orgânico (suscitar o corpo real, físico, de uma mocinha) têm por efeito – ou justificativa – a absorção e o desvanecimento de todo o real feminino, na difração sutil do significante: significada, mas não representada, a Mulher é uma idéia (não uma natureza); como tal, ela é trazida de volta ao jogo classificador e à verdade de sua pura diferença: o travesti ocidental quer ser *uma* mulher, o ator oriental não busca nada mais do que combinar os signos da Mulher.

Entretanto, na medida em que esses signos são extremos, não porque sejam enfáticos (achamos que não são), mas porque são intelectuais – sendo, como escrita, "os gestos da idéia" –, eles purificam o corpo de toda expressividade: podemos dizer que, pelo fato de serem signos, extenuam o sentido. Assim se explica a conjunção do signo e da impassibilidade (palavra que já qualificamos de imprópria, porque moral, expressiva) que marca o teatro asiático. Isso tem a ver com certo modo de encarar a morte. Imaginar, fabricar um rosto não impassível ou insensível (o que ainda é um sentido), mas como que saído da água, lavado de sentido, é uma maneira de responder à morte. Olhem essa fotografia de 13 de setembro de 1912: o general Nogi, vencedor dos russos em Port-Arthur, faz-se fotografar com sua mulher; seu imperador acaba de morrer e eles decidiram suicidar-se no dia seguinte; portanto, eles *sabem*; ele, perdido em sua barba, seu quepe, seus galões, quase não tem rosto; mas ela conserva seu rosto inteiro: impassível? tolo? camponês? digno? Como para o ator travestido, nenhum adjetivo é possível, o predicado foi despedido, não pela solenidade da morte próxima, mas, ao contrário, pela isenção do sentido da Morte, da Morte como sentido. A mulher do general Nogi decidiu que a Morte era o sentido, que uma e outra se despediam ao mesmo tempo e que, portanto, nem ao menos pelo rosto se devia "falar disso".

MILHÕES DE CORPOS

Um francês (exceto se estiver no estrangeiro) não pode classificar os rostos franceses; ele percebe, sem dúvida, caras comuns, mas a abstração desses rostos repetidos (que é a classe à qual pertencem) lhe escapa. O corpo de seus compatriotas, invisível nas situações cotidianas, é uma fala que ele não pode ligar a nenhum código; o *déjà vu* dos rostos não tem, para ele, nenhum valor intelectual; a beleza, se a encontra, nunca é para ele uma essência, o auge ou a realização de uma busca, o fruto de uma maturação inteligível da espécie, mas apenas um acaso, uma protuberância da platitude, um desvio da repetição. Inversamente, esse mesmo francês, quando vê um japonês em Paris, percebe-o sob a pura abstração de sua raça (supondo-se que não veja nele simplesmente um asiático); entre esses raríssimos corpos japoneses, não pode introduzir nenhuma diferença; ainda mais: depois de ter unificado a raça japonesa sob um único tipo, transporta abusivamente esse tipo à imagem cultural que tem do japonês, tal como a construiu a partir de, nem mesmo dos filmes, porque esses filmes só lhe apresentaram seres anacrônicos, camponeses ou samurais, que pertencem menos ao "Japão" do que ao objeto: "filme japonês", mas de algumas fotografias da imprensa, de alguns *flashs* de atualidade; e esse japonês arquetípico é assaz lamentável: é um ser miúdo, com óculos, sem idade, vestido de modo correto e apagado, modesto empregado de um país gregário.

No Japão, tudo muda: a inexistência ou o excesso do código exótico, aos quais está condenado, em sua terra, o francês que se vê às voltas com o *estrangeiro* (que ele não consegue transformar em *estranho*), absorve-se numa dialética nova da fala e da língua, da série e do indivíduo, do corpo e da raça (podemos falar literalmente de dialética, pois aquilo que a chegada ao Japão nos revela, de um único e vasto golpe, é a transformação da qualidade pela quantidade, do pequeno funcionário em diversidade exuberante). A descoberta é prodigiosa: as ruas, as lojas, os bares, os cinemas, os trens abrem o imenso dicionário dos rostos e das silhuetas, em que cada corpo (cada palavra) só quer dizer ela mesma e remete, no entanto, a uma classe; assim, temos ao mesmo tempo a volúpia de um encontro (com a fragilidade, a singularidade) e a iluminação de um tipo (o felino, o camponês, o redondo como uma maçã vermelha, o selvagem, o lapão, o intelectual, o adormecido, o lunar, o radioso, o pensativo), fonte de um júbilo intelectual, já que o indomável é domado. Imersos nesse povo de cem milhões de corpos (preferimos esta contabilidade à das "almas"), escapamos à dupla platitude da diversidade absoluta, que afinal é apenas repetição pura (é o caso do francês às voltas com seus compatriotas), e da classe única, mutilada de toda diferença (é o caso do japonês pequeno funcionário, tal como acreditamos vê-lo na Europa). Entretanto, aqui como em outros conjuntos semânticos, o sistema vale por seus pontos de fuga: um tipo se impõe e, no entanto, seus indivíduos nunca são encontrados lado a lado; em cada população que o lugar público nos revela, análogo nisso à frase, captamos signos singulares mas conhecidos, corpos novos mas virtualmente repetidos; em determinada cena, nunca há ao mesmo tempo dois adormecidos ou dois radiosos, e no entanto um e outro alcançam um conhecimento: o estereótipo é desmontado, mas o inteligível é preservado. Ou ainda – outra fuga do código – combinações inesperadas são descobertas: o selvagem e o feminino coincidem, o liso e o arrepiado, o dândi e o estudante etc., produzindo novos pontos de partida na série, ramificações a um só tempo claras e inesgotáveis. Diríamos que o Japão impõe a mesma dialética a seus corpos e a seus objetos: vejam a seção de lenços de uma grande loja: inúmeros, todos diferentes e, no entanto, nenhuma intolerância à série, nenhuma subversão da ordem. Ou ainda os haicais: quantos haicais na história do Japão? Eles dizem todos a mesma coisa: a estação do ano, a vegetação, o mar, a aldeia, a silhueta, mas cada um é, à sua maneira, um acontecimento irredutível. Ou então os signos ideográficos: logicamente inclassificáveis, pois escapam a uma ordem fonética arbitrária mas limitada, portanto memorável (o alfabeto) e no entanto classificados em dicionários, nos quais – admirável presença do corpo na escrita e na classificação – são o número e a ordem dos gestos necessários ao traçado do ideograma que determinam a tipologia dos signos. Da mesma maneira, os corpos: todos japoneses (e não: asiáticos), formando um corpo geral (mas não global, como se acredita de longe), e no entanto uma vasta tribo de corpos diferentes, dos quais cada um remete a uma classe, que foge, sem desordem, em direção a uma ordem interminável; em uma palavra: abertos, no último momento, como um sistema lógico. O resultado – ou a implicação – dessa dialética é o seguinte: o corpo japonês

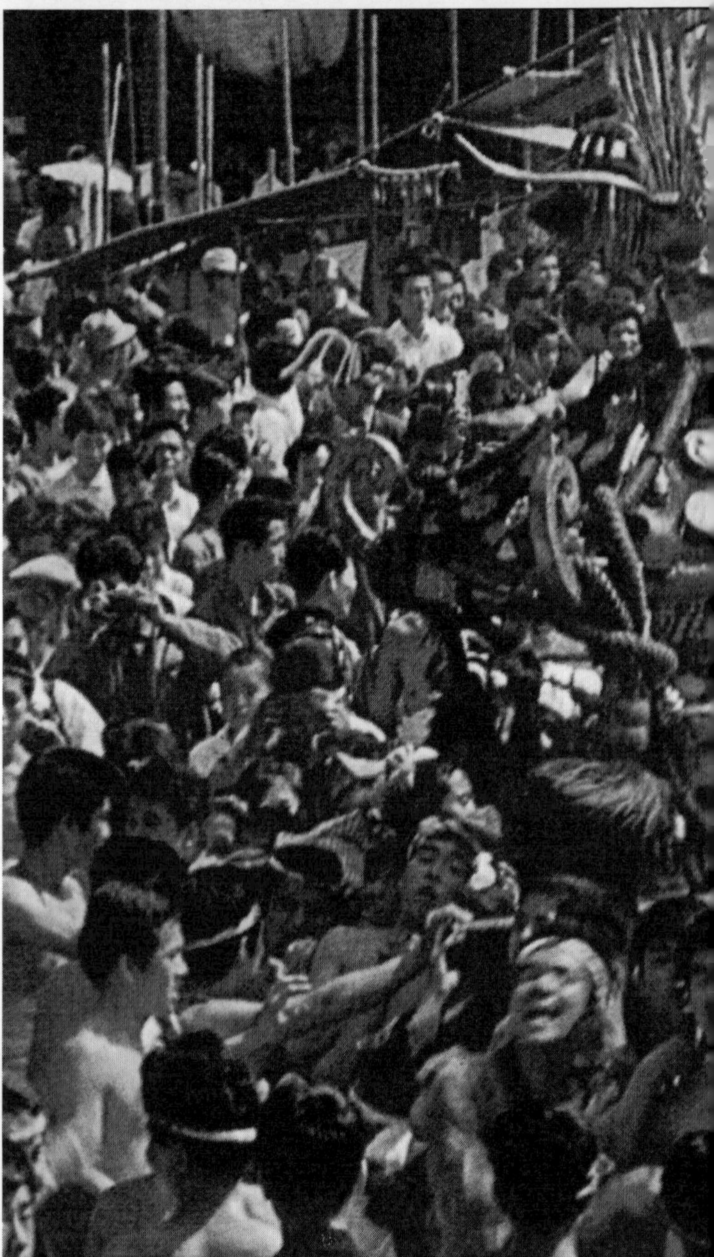

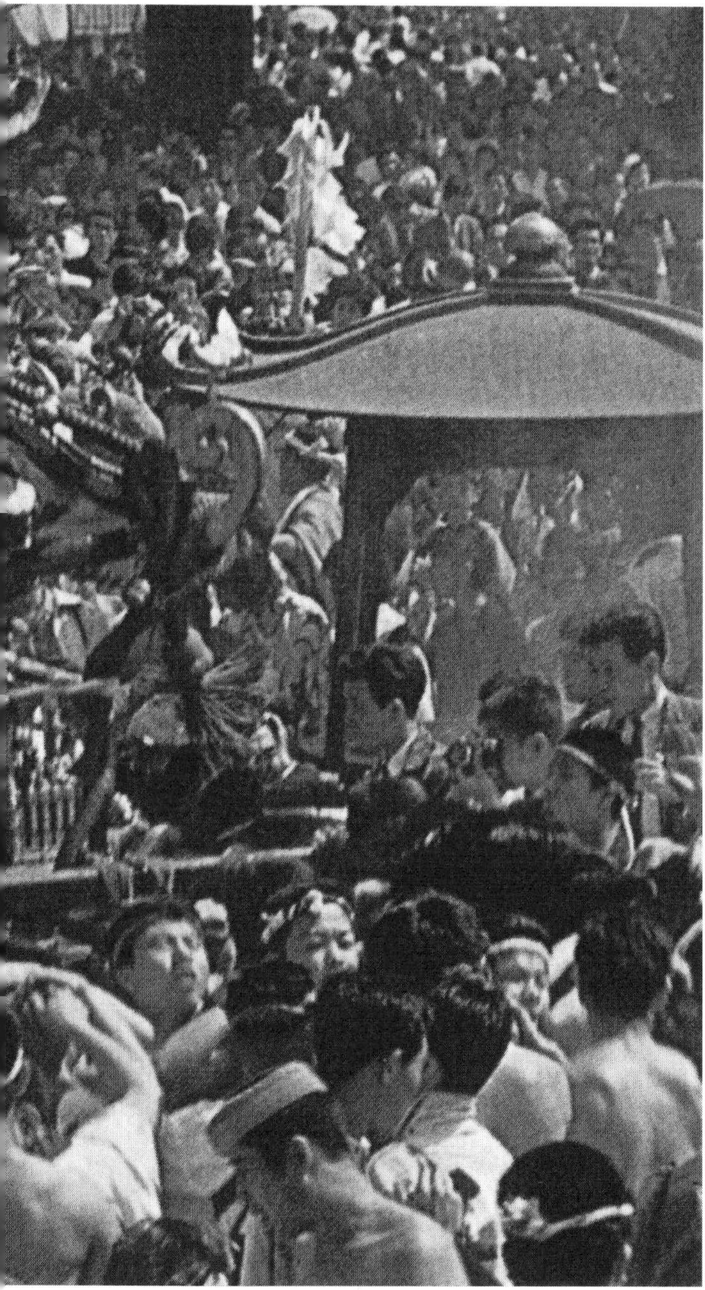

vai até o extremo de sua individualidade (como o mestre Zen, quando *inventa* uma resposta extravagante e perturbadora para a pergunta séria e banal do discípulo), mas essa individualidade não pode ser compreendida no sentido ocidental: ela é pura de toda histeria, não visa a fazer do indivíduo um corpo original, distinto dos outros corpos, tomado por aquela febre promocional que atinge todo o Ocidente. A individualidade não é aqui fechamento, teatro, superação, vitória; é simplesmente diferença, refratada, sem privilégio, de corpo a corpo. É por isso que a beleza não é aí definida, à maneira ocidental, por uma singularidade inacessível: ela é retomada aqui e ali, corre de diferença a diferença, disposta no grande sintagma dos corpos.

A PÁLPEBRA

Os breves traços que compõem um caráter ideográfico são traçados em certa ordem, arbitrária mas regular; a linha, começada com o pincel cheio, termina numa ponta curta, inflectida, desviada de seu sentido no último momento. É esse mesmo traçado de uma pressão que reencontramos no olho japonês. Diríamos que o calígrafo anatomista pousa seu pincel cheio no canto interno do olho e, virando-o um pouco, com um único traço, como convém na pintura *alla prima*, abre o rosto com uma fenda elíptica, que ele fecha em direção da têmpora, com um giro rápido da mão; o traçado é perfeito porque simples, imediato, instantâneo e no entanto maduro, como aqueles círculos que exigem de nós uma

Par-dessus la paupière
   de porcelaine,
une large goutte noire ;
la Nuit de l'Encrier
dont parle Mallarmé.

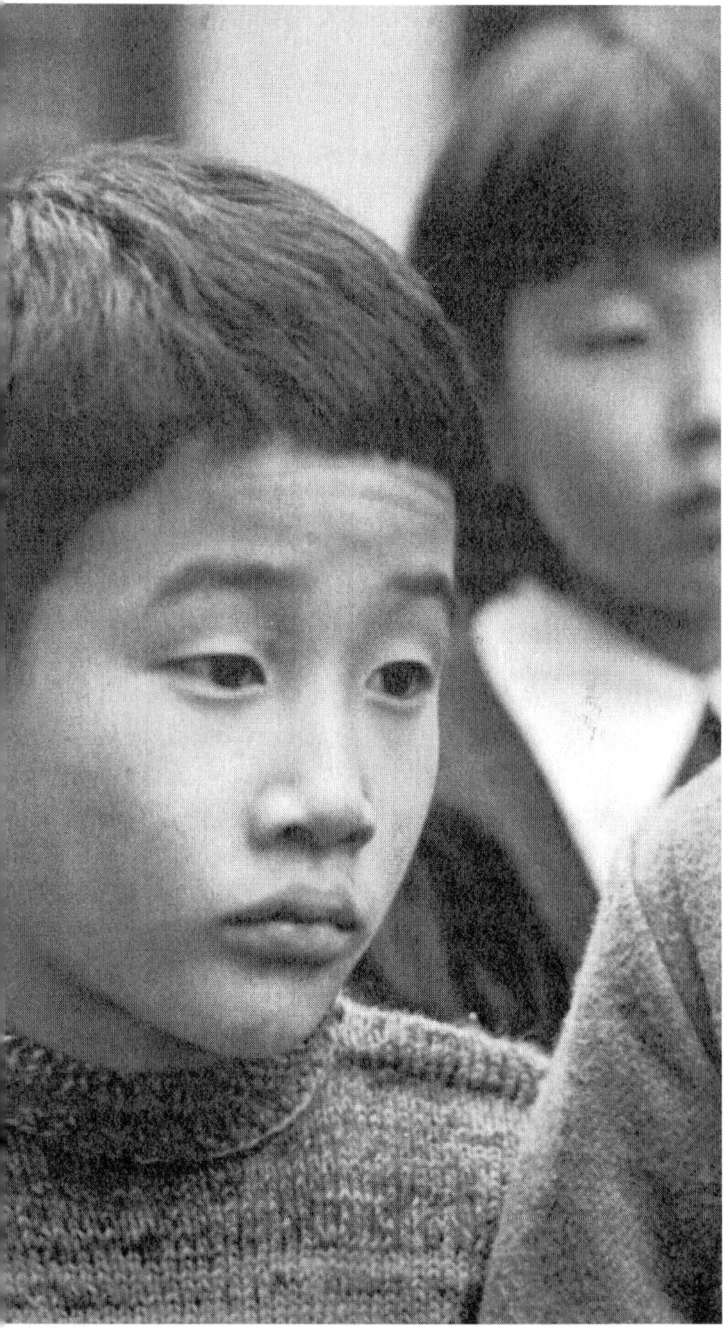

vida inteira para aprender a fazer com um só gesto soberano. O olho é assim contido entre as paralelas de suas beiras e a dupla curva (invertida) de suas extremidades: parece o molde recortado de uma folha, o traçado horizontal de uma grande vírgula pintada. O olho é chato (este é seu milagre): nem exorbitado nem encovado, sem borda saliente, sem bolsa e por assim dizer sem pele, ele é a fenda lisa de uma superfície lisa. A pupila, intensa, frágil, móvel, inteligente (pois esse olho sublinhado, interrompido pela beira superior da fenda, parece guardar assim uma pensatividade contida, um suplemento de inteligência posto em reserva, não *atrás* do olhar, mas *embaixo*), a pupila não é dramatizada pela órbita, como acontece na morfologia ocidental; o olho está livre em sua fenda (que ele preenche de modo soberano e sutil), e é sem razão (por um etnocentrismo evidente) que o declaramos *puxado*; nada o detém, pois inscrito diretamente na pele, e não esculpido na ossatura, seu espaço é o do rosto inteiro. O olho ocidental é submetido a toda uma mitologia da alma, central e secreta, cujo fogo, abrigado na cavidade orbital, irradiaria para um exterior carnal, sensual, passional; mas o rosto japonês é sem hierarquia moral; ele é inteiramente vivo, até mesmo vivaz (contrariamente à lenda do hieratismo oriental), porque sua morfologia não pode ser lida "em profundidade", isto é, segundo o eixo de uma interioridade; seu modelo não é escultural, mas escritural: é um tecido flexível, frágil, cerrado (a seda, é claro), simplesmente e como que imediatamente caligrafado com dois traços; a "vida" não está na luz dos olhos, está na relação sem segredo de uma praia e suas fendas: naquele desvio, naquela diferença, naquela síncope que são, dizem, a forma vazia do prazer. Com tão poucos elementos morfológicos, o cair no sono (que podemos observar em tantos rostos, nos trens e nos metrôs noturnos) torna-se uma operação leve: sem dobra de pele, o olho não pode "ficar pesado"; ele apenas percorre os graus medidos de uma unidade progressiva, encontrada pouco a pouco pelo rosto: olhos baixos, olhos fechados, olhos "dormidos", uma linha fechada se fecha ainda mais num baixar de pálpebras que nunca acaba.

A ESCRITA DA VIOLÊNCIA

Quando se diz que as lutas do *Zengakuren* são organizadas, não se remete apenas a um conjunto de precauções táticas (começo de pensamento já contraditório ao mito do motim), mas a uma escrita dos atos que expurga a violência de seu ser ocidental: a espontaneidade. Em nossa mitologia, a violência está presa ao mesmo preconceito que a literatura ou a arte: não podemos atribuir-lhe outra função senão a de *exprimir* um fundo, uma interioridade, uma natureza, da qual ela seria a linguagem primeira, selvagem, assistemática; concebemos bem, sem dúvida, que se possa derivar a violência para fins refletidos, transformá-la em instrumento de um pensamento, mas sempre se trata apenas de domesticar uma força *anterior*, soberanamente original. A violência dos *Zengakuren* não precede sua própria regulação, mas nasce ao mesmo tempo que esta: ela é imediatamente signo: nada exprimindo (nem ódio, nem indignação, nem idéia moral), ela se abole por isso mais seguramente num fim transitivo (tomar de assalto uma prefeitura, abrir uma barreira de arame farpado); a eficácia, no entanto, não é sua única medida; uma ação puramente pragmática coloca entre parênteses os símbolos, mas não acerta contas com eles: utiliza-se o sujeito, deixando-o no entanto intacto (a própria situação do soldado). O combate *Zengakuren*, por mais operatório que seja, permanece sendo uma grande encenação de signos (são ações que têm um público); os traços dessa escrita, um pouco mais numerosos do que deixaria prever uma representação fleumática, anglo-saxônica, da eficácia, são descontínuos, arranjados, regrados, não para significar alguma coisa, mas como se fosse preciso acabar (a nossos olhos) com o mito do motim improvisado, a plenitude dos símbolos "espontâneos": há um paradigma de cores – *capacetes azuis-vermelhos-brancos* –, mas essas cores, contrariamente às nossas, não remetem a nada de histórico; há uma sintaxe dos atos (*derrubar, desenraizar, arrastar, amontoar*), realizada como uma frase prosaica, não como uma ejaculação inspirada; há uma retomada significante dos tempos mortos (partir para

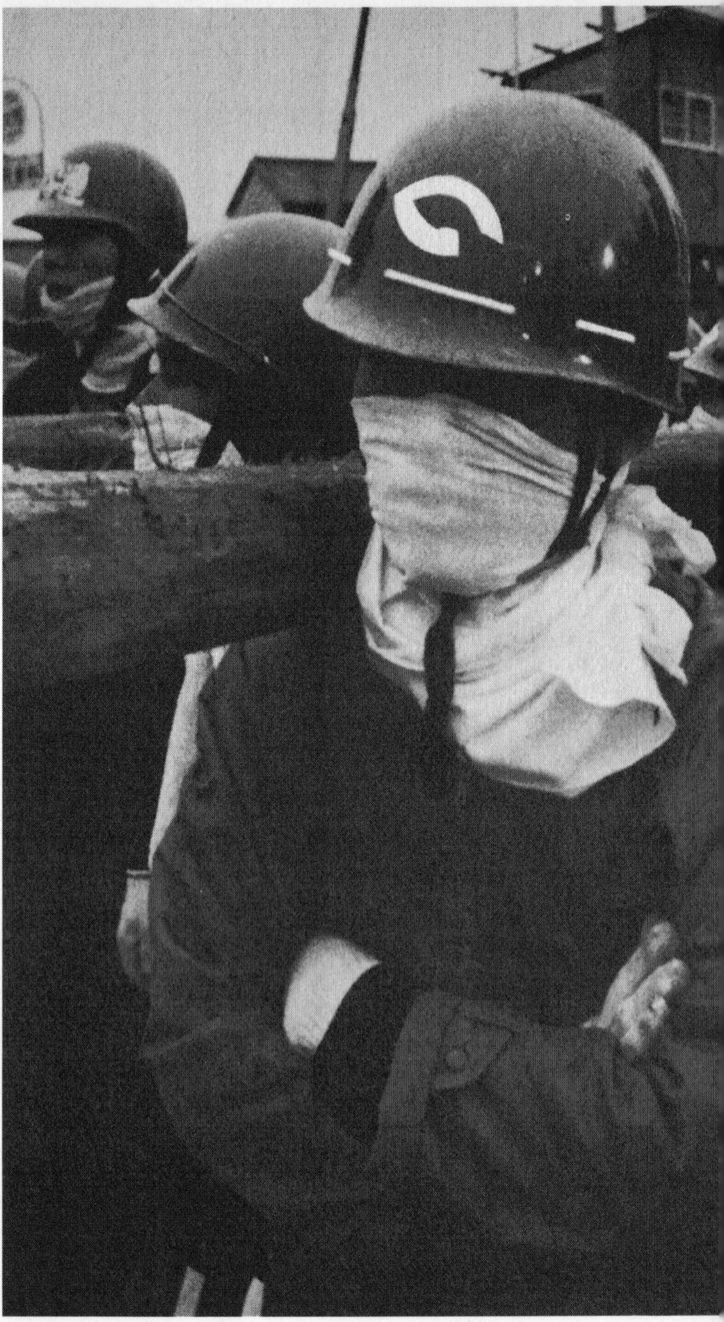

Étudiants

descansar na retaguarda, numa corrida ordenada, dar uma forma à descontração). Tudo isso concorre à produção de uma escrita de massa, não de grupo (os gestos se completam, as pessoas não se ajudam); enfim, audácia extrema do signo, é às vezes admitido que os *slogans* ritmados pelos combatentes enunciem, não a Causa, o Assunto da ação (aquilo por que ou contra que se luta) – seria, uma vez mais, fazer da palavra a expressão de uma razão, a garantia de um bom direito –, mas somente a própria ação (*"Os Zengakuren vão lutar"*), que assim não é mais protegida, dirigida, justificada, inocentada pela linguagem – divindade exterior e superior ao combate, como uma *Marseillaise* com barrete frígio –, mas duplicada por um puro exercício vocal, que acrescenta simplesmente ao volume da violência um gesto, um músculo a mais.

O GABINETE DOS SIGNOS

Em qualquer lugar desse país, produz-se uma organização especial do espaço: viajando (na rua, de trem ao longo dos subúrbios, das montanhas), percebo aí a conjunção de um longínquo e de uma fragmentação, a justaposição de campos (no sentido rural e visual) ao mesmo tempo descontínuos e abertos (parcelas de plantações de chá, pinheiros, flores malvas, uma composição de tetos negros, um quadriculado de ruelas, um arranjo assimétrico de casas baixas): nenhum fechamento (exceto muito baixo), e no entanto nunca sou sitiado pelo horizonte (e seu relento de sonho): nenhuma vontade de inflar os pulmões, de estufar o peito para garantir meu *eu*, para me constituir em centro assimilador do infinito: levado à evidência de um limite vazio, fico ilimitado sem idéia de grandeza, sem referência metafísica.

Da encosta das montanhas ao canto de bairro, tudo aqui é habitat, e estou sempre no cômodo mais luxuoso desse habitat: esse luxo (que é alhures o dos quiosques, dos corredores, das casas de prazer, dos gabinetes de pintura, das bibliotecas privadas) vem do fato de esse lugar não ter outro limite senão seu tapete de sensações vivas, de signos resplandecentes (flores, janelas, folhagens, quadros, livros); não é mais o grande muro contínuo que define o espaço, é a própria abstração dos pedaços vistos (de "vistas") que me cercam: o muro está destruído sob a inscrição; o jardim é uma tapeçaria mineral de pequenos volumes (pedras, rastos do ancinho sobre a areia), o local público é uma série de acontecimentos instantâneos, que chegam ao notável num brilho tão vivo, tão tênue, que o signo se abole antes de qualquer significado ter tido o tempo de "pegar". Diríamos que uma técnica secular permite à paisagem ou ao espetáculo produzirem-se numa pura significância, abrupta, vazia, como uma fratura. Império dos Signos? Sim, se entendermos que esses signos são vazios e que o ritual é sem deus. Olhem o gabinete dos Signos (que era o habitat de Mallarmé), isto é, naquele país, toda vista, urbana, doméstica ou rural, e, para ver melhor como ele é feito, dêem-lhe como exemplo o corredor de Shikidai: forrado de aberturas, emoldurado de vazio e não emoldurando nada, decorado, sem dúvida, mas de tal modo que a figuração (flores, árvores, pássaros, animais) seja eliminada, sublimada, deslocada para longe da visão, não há nele lugar para nenhum móvel (palavra bem paradoxal, porque designa geralmente uma propriedade muito pouco móvel, que nos esforçamos por fazer durar; entre nós, o móvel tem uma vocação imobiliária, enquanto no Japão a casa, freqüentemente desconstruída, é pouco mais do que um elemento mobiliário); no corredor, como na casa japonesa ideal, privada de móveis (ou com móveis rarefeitos), não há nenhum lugar que designe a menor propriedade: nem cadeira, nem leito, nem mesa a partir dos quais o corpo possa se constituir como sujeito (ou dono) de um espaço: o centro é recusado (cáustica frustração para o homem ocidental, provido em toda parte de sua poltrona, de sua cama, proprietário de uma *instalação* doméstica). Incentrado, o espaço é também reversível: podemos virar ao contrário o corredor de Shikidai e nada acontecerá, senão uma inversão sem conseqüência do alto e do baixo, da direita e da esquerda: o conteúdo é despedido sem volta: quer passemos, atravessemos ou nos sentemos diretamente no assoalho (ou no teto, se viramos a imagem), não há nada para ser *agarrado*.

... *au Sourire près*.

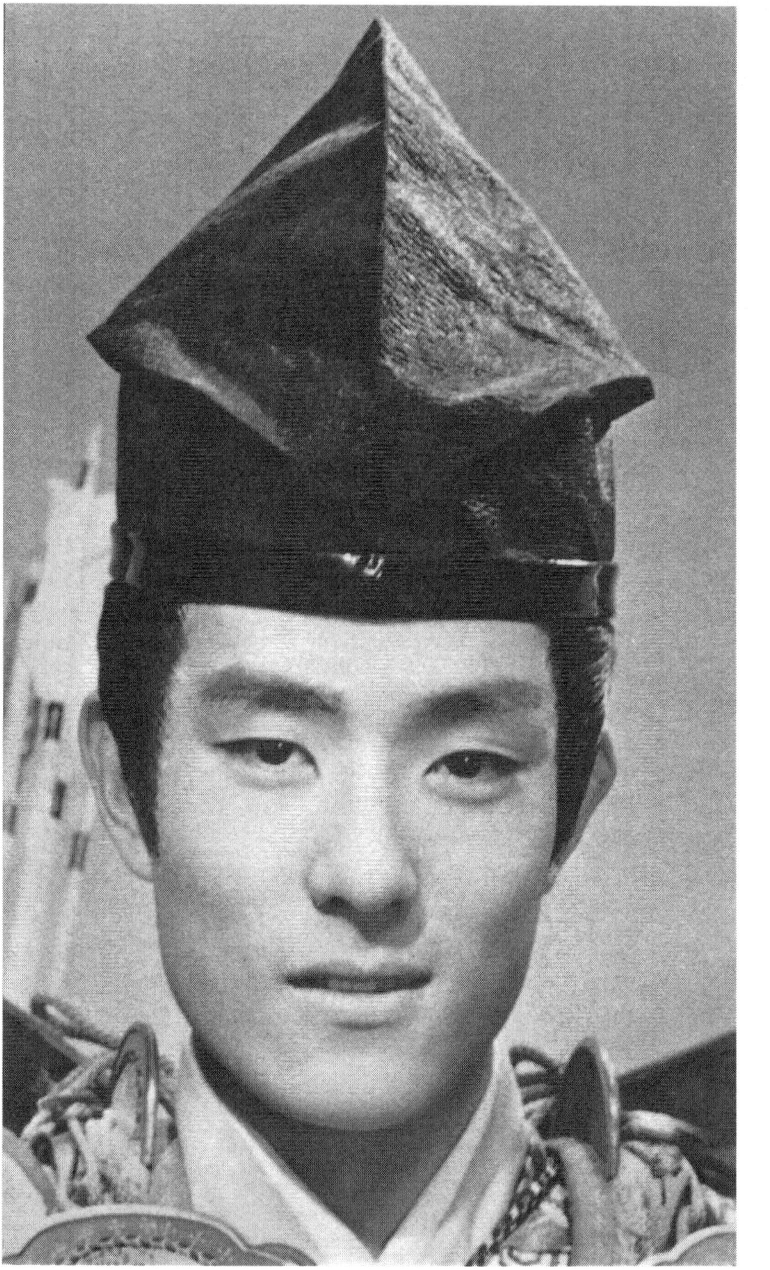

| Índice das ilustrações |

O ator Kazuo Funaki (documento do autor)......................... 6

O ideograma MU, significando "nada", "o vazio", traçado por uma estudante (foto Nicolas Bouvier, Genebra) 9

Caligrafia. Fragmento do manuscrito Ise-shû, conhecido pelo nome de Ishiyama-gire – nanquim e pintura sobre papel colado de cor – período Heian, início do século XII – (20,1 × 31,8). Tóquio, coleção Giichi Umezawa (foto Hans-D. Weber, Colônia) 14-5

Yokoi Yayû (1702-1783) – A colheita de cogumelos (Kinoko-Gari) – tinta sobre papel – (31,4 × 49,1). Zurique, coleção Heinz Brasch (foto A. Grivel, Genebra) 31

Quando procuram cogumelos, os japoneses levam uma haste de samambaia ou, como nesta pintura, uma farpa de palha na qual enfiam os cogumelos. Pintura haiga, sempre ligada ao haicai, poema breve em três versos:

*"Ele se torna cúpido
também, baixando o olhar
sobre os cogumelos."*

A cortina de cordas (*Nawa-noren*) – parte direita de um biombo – nanquim e pintura sobre papel, com aplicação de folhas de ouro – primeiro período Edo, primeira metade do século XVII – (159,6 × 90,3). Tóquio, coleção Taki Hara (foto Hans-D. Weber, Colônia) 37

Jogadores de Pachinko (foto Zauho Press, Tóquio) 40

Mapa de Tóquio – fim do século XVIII – começo do século XIX. Genebra, documento Nicolas Bouvier 44-5

Mapa do bairro de Shinjuku, Tóquio: bares, restaurantes, cinemas, grandes lojas (Isetan) 48

Esquema de orientação 49

Esquema de orientação no verso de um cartão de visita 50

Lutadores de Sumô (documentos do autor) 54-5

Barris de saquê (foto Daniel Cordier, Paris) 58

Corredor de Shikidai – Castelo Nijo, Quioto, construído em 1603 64-5

Ator de Kabuki, no palco e na cidade (documentos do autor) .. 68-9

Estátua do monge Hôshi, que vivia na China no início da época T'ang – fim do período Heian, Quioto, Museu Nacional (foto Zauho Press, Tóquio) 73

Gesto de um mestre de escrita (foto Nicolas Bouvier, Genebra) . 74

No cais de Yokohama – documento extraído do livro *Japon Illustré*, de Félicien Challaye, Librairie Larousse, Paris, 1915 (foto Underwood, Londres e Nova York) 84

Apresentação de um presente – documento extraído do livro
    Japon Illustré (op. cit.) 86-7

Anônimo (provavelmente meados do século XVI) – Berinjelas
    e pepino (Nasu Uri) – pintura da Escola Hokusô (Escola
    do Norte) – tinta sobre papel – (28,7 × 42,5). Zurique,
    coleção Heinz Brasch (foto Maurice Babey, Basiléia) 92

Jardim do Templo Tofuku-ji, Quioto, fundado em 1236 (foto
    Fukui Asahido, Quioto) 104-5

Mulher preparando-se para escrever uma carta. *Verso de um
    cartão-postal que me foi enviado por um amigo japonês. A
    frente é ilegível: não sei quem é essa mulher, se ela é pintada
    ou fantasiada, o que ela quer escrever: perda da origem na qual
    reconheço a própria escritura, da qual esta imagem é, a meus
    olhos, o emblema suntuoso e contido (RB).* 116-7

Recorte do jornal Kobé Shinbun e retrato do ator Teturo Tanba
    (documentos do autor) 121-2

Últimas fotografias do general Nogi e de sua mulher, tiradas
    na véspera do suicídio de ambos – setembro de 1912 –
    documentos extraídos do livro *Japon Illustré* (op. cit.) 124-5

Procissão de relíquias de Asakusa, Tóquio, provenientes do Tem-
    plo Sensoji (todos os anos, nos dias 17 e 18 de maio) 132-3

Meninos e meninas diante do "guinhol de papel". *É um guinhol
    de imagens, que um contador profissional instala numa es-
    quina, com seus potes de guloseimas, no porta-bagagens de sua
    bicicleta.* Tóquio, 1951 (foto Werner Bischof) 136-7

Ato estudantil em Tóquio, contra a guerra do Vietnã (foto
    Bruno Barbey, Magnum, Paris) 143-4

O ator Kazuo Funaki (documento do autor) 149

| **Tradução dos textos manuscritos** |

p. 14: Chuva, Semente, Disseminação / Trama, Tecido, Texto / Escritura

p. 23: "O encontro" – Abra um guia de viagem: nele você encontrará, em geral, um pequeno léxico, mas esse léxico, estranhamente, dirá respeito a coisas aborrecidas ou inúteis: a alfândega, o correio, o hotel, o barbeiro, o médico, os preços. Entretanto, o que é viajar? Encontrar. O único léxico importante é o do encontro.

p. 27: encontro   nós dois
        yakusoku   *futaritomo*

        onde?   quando?
        dokoni?   *itsu?*

p. 31: Onde começa a escrita? / Onde começa a pintura?

p. 33: O encontro
        aqui   hoje à noite
        kokoni   *komban*

        hoje   a que horas?
        kyo   *nanjini?*

amanhã   quatro horas
  ashita   *yoji*

p. 40: Comedouros e latrinas.

p. 44: A Cidade é um ideograma: o Texto continua.

p. 51: O encontro
  talvez   cansado
  tabun   *tsukareta*

  impossível   quero dormir
  dekinai   *netai*

p. 65: Virem a imagem ao contrário: nada a mais, nada diferente, nada.

p. 72: O Signo é uma fratura que jamais se abre senão sobre o rosto de outro signo.

p. 85: Quem saúda quem?

p. 87: O presente está sozinho: não é tocado nem pela generosidade nem pelo reconhecimento, a alma não o contamina.

p. 104: Jardim Zen: "Nenhuma flor, nenhum passo: Onde está o homem? No transporte das rochas, no rasto do ancinho, no trabalho da escrita."

p. 116: O Aparato da carta

pp. 124-5: Eles vão morrer, sabem disso e isso não se vê.

p. 136: Por baixo da pálpebra de porcelana, uma larga gota negra: A Noite do Tinteiro de que fala Mallarmé.

p. 143: Estudantes

p. 147: ... a não ser um sorriso.